1 × 2 =

3 × 4 =

2 × 5 =

4 × 3 =

5 × 2 =

2 × 3 =

4 × 4 =

1 × 5 =

3 × 2 =

5 × 3 =

2 × 4 =

4 × 2 =

3 × 5 =

5 × 4 =

2 × 2 =

4 × 5 =

1 × 3 =

3 × 3 =

5 × 5 =

2 × 1 =

4 × 1 =

3 × 1 =

2 × 2 =

5 × 1 =

1 × 4 =

2 × 3 =

3 × 4 =	2 × 1 =
4 × 5 =	4 × 1 =
5 × 2 =	1 × 3 =
3 × 5 =	5 × 1 =
4 × 2 =	2 × 4 =
2 × 4 =	3 × 1 =
5 × 3 =	4 × 3 =
1 × 2 =	1 × 5 =
2 × 5 =	5 × 2 =
3 × 3 =	2 × 2 =
4 × 4 =	3 × 5 =
5 × 5 =	6 × 7 =
3 × 2 =	7 × 8 =

8 × 9 =	7 × 10 =
9 × 6 =	8 × 7 =
10 × 7 =	9 × 8 =
7 × 6 =	10 × 6 =
8 × 10 =	6 × 10 =
9 × 7 =	7 × 7 =
10 × 8 =	8 × 8 =
6 × 9 =	9 × 9 =
7 × 9 =	10 × 10 =
8 × 6 =	6 × 6 =
9 × 10 =	7 × 8 =
10 × 9 =	8 × 9 =
6 × 8 =	9 × 10 =

10 × 6 =

6 × 7 =

7 × 9 =

8 × 6 =

9 × 7 =

10 × 8 =

6 × 10 =

7 × 6 =

8 × 7 =

9 × 8 =

10 × 9 =

6 × 9 =

7 × 7 =

8 × 8 =

9 × 6 =

10 × 7 =

6 × 8 =

7 × 10 =

8 × 10 =

9 × 9 =

10 × 10 =

6 × 6 =

2 × 2 =

3 × 3 =

4 × 4 =

5 × 5 =

1 × 4 =	5 × 4 =
3 × 2 =	2 × 1 =
2 × 4 =	3 × 4 =
4 × 3 =	1 × 3 =
5 × 1 =	4 × 5 =
2 × 5 =	5 × 2 =
3 × 1 =	2 × 4 =
4 × 2 =	3 × 2 =
5 × 3 =	1 × 2 =
1 × 5 =	4 × 3 =
2 × 3 =	5 × 5 =
3 × 5 =	2 × 3 =
4 × 1 =	3 × 1 =

4 × 4 =	3 × 3 =
5 × 1 =	4 × 3 =
1 × 5 =	5 × 2 =
2 × 2 =	2 × 4 =
3 × 5 =	3 × 2 =
4 × 2 =	1 × 4 =
5 × 3 =	4 × 5 =
2 × 1 =	6 × 6 =
3 × 4 =	7 × 7 =
4 × 1 =	8 × 8 =
5 × 4 =	9 × 9 =
1 × 2 =	10 × 10 =
2 × 5 =	6 × 7 =

7 × 8 =

8 × 9 =

9 × 10 =

10 × 9 =

6 × 8 =

7 × 9 =

8 × 10 =

9 × 6 =

10 × 7 =

6 × 9 =

7 × 10 =

8 × 6 =

9 × 7 =

10 × 8 =

6 × 10 =

7 × 6 =

8 × 7 =

9 × 8 =

10 × 6 =

6 × 7 =

7 × 8 =

8 × 9 =

9 × 10 =

10 × 9 =

6 × 8 =

7 × 9 =

8 × 10 =

9 × 6 =

10 × 7 =

6 × 9 =

7 × 10 =

8 × 6 =

9 × 7 =

10 × 8 =

6 × 10 =

7 × 6 =

8 × 7 =

9 × 8 =

10 × 6 =

6 × 9 =

7 × 7 =

8 × 8 =

9 × 9 =

10 × 10 =

3 × 2 =

4 × 5 =

1 × 3 =

2 × 4 =

5 × 1 =

3 × 4 =

4 × 3 =

2 × 5 =

5 × 2 =

1 × 4 =

3 × 5 =

4 × 2 =

2 × 3 =

5 × 4 =

1 × 2 =

4 × 4 =

3 × 3 =

2 × 2 =

5 × 5 =

4 × 1 =

2 × 1 =

3 × 4 =

5 × 3 =

1 × 5 =

4 × 2 =

2 × 3 =

5 × 1 =

3 × 2 =

4 × 5 =

2 × 4 =

1 × 3 =

5 × 2 =

4 × 3 =

3 × 5 =

1 × 4 =

2 × 5 =

5 × 4 =

4 × 2 =

3 × 1 =

2 × 2 =

4 × 4 =

5 × 3 =

2 × 1 =

3 × 3 =

1 × 2 =

4 × 1 =

5 × 5 =

3 × 4 =

2 × 4 =

5 × 2 =

7 × 6 =

8 × 7 =

9 × 8 =

10 × 9 =

6 × 10 =

7 × 7 =

8 × 6 =

9 × 9 =

10 × 8 =

6 × 9 =

$7 \times 8 =$	$10 \times 6 =$
$8 \times 9 =$	$6 \times 6 =$
$9 \times 7 =$	$7 \times 7 =$
$10 \times 10 =$	$8 \times 9 =$
$6 \times 8 =$	$9 \times 8 =$
$7 \times 10 =$	$10 \times 9 =$
$8 \times 10 =$	$6 \times 10 =$
$9 \times 6 =$	$7 \times 6 =$
$10 \times 7 =$	$8 \times 7 =$
$6 \times 7 =$	$9 \times 7 =$
$7 \times 9 =$	$10 \times 8 =$
$8 \times 8 =$	$6 \times 9 =$
$9 \times 10 =$	$7 \times 8 =$

8 × 6 =	6 × 10 =
9 × 9 =	10 × 8 =
10 × 7 =	6 × 10 =
6 × 7 =	7 × 6 =
7 × 10 =	8 × 7 =
8 × 8 =	9 × 8 =
9 × 10 =	10 × 6 =
10 × 6 =	6 × 7 =
6 × 8 =	7 × 8 =
7 × 9 =	8 × 9 =
8 × 10 =	9 × 10 =
9 × 6 =	10 × 9 =
10 × 9 =	6 × 8 =

5 + 3 =

7 + 2 =

4 + 6 =

9 + 1 =

3 + 8 =

2 + 7 =

6 + 5 =

8 + 2 =

5 + 9 =

7 + 3 =

1 + 9 =

5 + 4 =

2 + 6 =

6 + 3 =

7 + 5 =

8 + 1 =

3 + 6 =

9 + 4 =

2 + 8 =

5 + 7 =

6 + 6 =

4 + 5 =

3 + 9 =

8 + 7 =

5 + 9 =

7 + 6 =

9 + 3 =	9 + 5 =
4 + 8 =	6 + 7 =
6 + 4 =	5 + 6 =
5 + 8 =	8 + 4 =
8 + 3 =	3 + 4 =
9 + 2 =	7 + 1 =
7 + 4 =	9 + 7 =
6 + 1 =	5 + 3 =
2 + 9 =	6 + 2 =
4 + 7 =	4 + 6 =
3 + 5 =	8 + 6 =
8 + 5 =	12 + 8 =
7 + 2 =	24 + 15 =

19 + 6 =

33 + 11 =

27 + 12 =

41 + 9 =

38 + 7 =

22 + 18 =

16 + 14 =

29 + 19 =

45 + 4 =

23 + 17 =

30 + 10 =

35 + 12 =

28 + 8 =

42 + 6 =

26 + 16 =

31 + 9 =

20 + 15 =

39 + 5 =

25 + 18 =

46 + 3 =

19 + 11 =

21 + 14 =

44 + 6 =

30 + 18 =

37 + 12 =

43 + 5 =

36 + 9 =

27 + 13 =

24 + 25 =

47 + 1 =

32 + 7 =

29 + 15 =

40 + 10 =

33 + 16 =

45 + 2 =

18 + 19 =

22 + 11 =

34 + 9 =

28 + 17 =

41 + 7 =

23 + 21 =

48 + 2 =

36 + 14 =

39 + 6 =

20 + 29 =

26 + 22 =

35 + 11 =

44 + 5 =

57 + 32 =

68 + 21 =

45 + 55 =

76 + 19 =

88 + 11 =

64 + 23 =

53 + 47 =

72 + 18 =

60 + 25 =

95 + 5 =

39 + 61 =

84 + 12 =

51 + 49 =

77 + 22 =

66 + 24 =

92 + 8 =

58 + 33 =

83 + 16 =

48 + 29 =

73 + 27 =

55 + 40 =

67 + 19 =

81 + 15 =

94 + 6 =

42 + 50 =

61 + 34 =

70 + 20 =

52 + 38 =

90 + 10 =

79 + 13 =

87 + 9 =

63 + 37 =

56 + 26 =

80 + 15 =

69 + 21 =

43 + 41 =

89 + 6 =

74 + 17 =

65 + 30 =

91 + 7 =

50 + 32 =

62 + 25 =

85 + 11 =

78 + 14 =

47 + 29 =

93 + 3 =

54 + 36 =

86 + 12 =

71 + 28 =

60 + 39 =

66 + 33 =

82 + 15 =

57 + 24 =

90 + 19 =

68 + 31 =

45 + 46 =

91 + 18 =

77 + 11 =

73 + 22 =

88 + 5 =

62 + 38 =

95 + 2 =

47 + 48 =

83 + 17 =

76 + 23 =

58 + 29 =

50 + 41 =

85 + 14 =

94 + 4 =

63 + 36 =

70 + 30 =

81 + 19 =

55 + 45 =

92 + 3 =

64 + 32 =

79 + 21 =

74 + 18 =

86 + 13 =

61 + 37 =

93 + 2 =

43 + 50 =

87 + 7 =

56 + 34 =

68 + 22 =

99 + 1 =

75 + 15 =

65 + 31 =

80 + 19 =

82 + 16 =

67 + 28 =

46 + 53 =

60 + 38 =

84 + 14 =

89 + 10 =

72 + 27 =

51 + 48 =

94 + 6 =

78 + 11 =

44 + 45 =

59 + 26 =

92 + 7 =

83 + 14 =

68 + 25 =

96 + 3 =

52 + 46 =

77 + 13 =

90 + 8 =

64 + 33 =

53 + 39 =

88 + 9 =

45 + 51 =

72 + 16 =

81 + 11 =

65 + 35 =

99 + 1 =

56 + 41 =

78 + 15 =

91 + 10 =

63 + 29 =

89 + 12 =

54 + 47 =

75 + 18 =

84 + 6 =

69 + 21 =

61 + 38 =

93 + 5 =

55 + 44 =

86 + 9 =

48 + 51 =

70 + 25 =

66 + 34 =

87 + 13 =

60 + 37 =

95 + 4 =

59 + 28 =

74 + 19 =

83 + 7 =

91 + 8 =

62 + 33 =

99 + 1 =

68 + 29 =

80 + 17 =

56 + 44 =

64 + 32 =

97 + 2 =

71 + 26 =

85 + 11 =

58 + 39 =

66 + 31 =

94 + 5 =

79 + 14 =

53 + 41 =

88 + 9 =

61 + 37 =

92 + 4 =

72 + 18 =

85 + 6 =

54 + 43 =

99 + 1 =

63 + 36 =

47 + 52 =

78 + 15 =

89 + 9 =

60 + 38 =

71 + 24 =

94 + 5 =

56 + 42 =

87 + 12 =

49 + 50 =

73 + 23 =

98 + 3 =

65 + 35 =

84 + 7 =

62 + 27 =

91 + 6 =

58 + 40 =

79 + 20 =

99 + 1 =

67 + 33 =

83 + 9 =

53 + 45 =

94 + 8 =

71 + 29 =

66 + 30 =

95 + 4 =

57 + 42 =

85 + 14 =

62 + 39 =

90 + 7 =

44 + 51 =

88 + 12 =

60 + 35 =

76 + 21 =

97 + 3 =

68 + 28 =

83 + 16 =

52 + 47 =

99 + 5 =

59 + 40 =

66 + 34 =

68 + 22 =

99 + 1 =

75 + 15 =

65 + 31 =

80 + 19 =

82 + 16 =

67 + 28 =

46 + 53 =

60 + 38 =

84 + 14 =

89 + 10 =

72 + 27 =

9 - 4 =

8 - 2 =

7 - 3 =

5 - 1 =

6 - 2 =

10 - 5 =

8 - 7 =

6 - 3 =

9 - 6 =

7 - 1 =

5 - 2 =

10 - 3 =

8 - 6 =

9 - 5 =

7 - 4 =

6 - 1 =

10 - 7 =

9 - 2 =

8 - 5 =

5 - 3 =

6 - 4 =

9 - 8 =

7 - 6 =

10 - 9 =

6 - 5 =

8 - 4 =

9 - 7 =	10 - 8 =
7 - 2 =	6 - 3 =
5 - 4 =	8 - 6 =
10 - 6 =	9 - 5 =
8 - 3 =	7 - 4 =
9 - 1 =	10 - 1 =
7 - 5 =	5 - 3 =
10 - 2 =	8 - 7 =
6 - 2 =	6 - 4 =
8 - 1 =	9 - 6 =
9 - 3 =	10 - 4 =
7 - 1 =	20 - 5 =
5 - 4 =	30 - 10 =

25 - 15 =

40 - 20 =

45 - 30 =

32 - 12 =

28 - 14 =

36 - 18 =

22 - 11 =

44 - 19 =

50 - 25 =

29 - 9 =

41 - 21 =

33 - 13 =

26 - 16 =

38 - 8 =

27 - 7 =

46 - 22 =

35 - 20 =

30 - 5 =

49 - 24 =

39 - 29 =

42 - 10 =

34 - 12 =

31 - 19 =

40 - 30 =

28 - 15 =

25 - 5 =

50 - 20 =

45 - 25 =

37 - 17 =

33 - 23 =

44 - 22 =

48 - 18 =

29 - 9 =

30 - 20 =

47 - 7 =

36 - 16 =

43 - 13 =

50 - 15 =

42 - 17 =

38 - 18 =

46 - 26 =

49 - 19 =

37 - 27 =

34 - 24 =

41 - 31 =

45 - 35 =

39 - 19 =

50 - 30 =

77 - 22 =

68 - 13 =

90 - 50 =

85 - 45 =

72 - 35 =

56 - 14 =

88 - 44 =

93 - 33 =

62 - 32 =

97 - 47 =

84 - 22 =

70 - 25 =

95 - 15 =

58 - 28 =

79 - 19 =

81 - 41 =

63 - 43 =

74 - 24 =

50 - 10 =

66 - 26 =

85 - 25 =

91 - 21 =

69 - 9 =

76 - 16 =

98 - 48 =

61 - 31 =

83 - 13 =

94 - 14 =

72 - 12 =

87 - 27 =

66 - 36 =

59 - 29 =

80 - 30 =

77 - 37 =

90 - 20 =

67 - 47 =

86 - 46 =

53 - 13 =

92 - 42 =

68 - 48 =

76 - 26 =

81 - 61 =

98 - 18 =

57 - 17 =

64 - 34 =

75 - 35 =

89 - 59 =

60 - 20 =

84 - 54 =

95 - 65 =

99 - 49 =

88 - 18 =

73 - 13 =

92 - 12 =

67 - 7 =

84 - 24 =

90 - 60 =

76 - 36 =

53 - 3 =

65 - 35 =

87 - 17 =

74 - 14 =

91 - 11 =

50 - 40 =

96 - 6 =

80 - 70 =

62 - 52 =

85 - 55 =

78 - 28 =

89 - 9 =

81 - 61 =

54 - 24 =

69 - 29 =

92 - 32 =

75 - 15 =

60 - 50 =

88 - 58 =

71 - 41 =

93 - 53 =

65 - 25 =

89 - 39 =

56 - 46 =

97 - 57 =	92 - 82 =
70 - 60 =	55 - 45 =
64 - 14 =	61 - 51 =
82 - 12 =	87 - 77 =
95 - 85 =	99 - 79 =
68 - 18 =	75 - 55 =
59 - 19 =	93 - 83 =
77 - 47 =	64 - 44 =
81 - 71 =	88 - 78 =
98 - 68 =	50 - 30 =
74 - 54 =	69 - 59 =
83 - 73 =	72 - 62 =
67 - 27 =	96 - 86 =

55 - 25 =

84 - 64 =

90 - 80 =

63 - 33 =

91 - 81 =

76 - 66 =

98 - 88 =

58 - 28 =

71 - 61 =

82 - 52 =

95 - 45 =

73 - 23 =

60 - 40 =

77 - 67 =

85 - 35 =

66 - 46 =

93 - 63 =

59 - 49 =

94 - 74 =

88 - 58 =

55 - 35 =

79 - 69 =

62 - 22 =

97 - 87 =

70 - 50 =

53 - 43 =

80 - 60 =	82 - 72 =
91 - 71 =	67 - 37 =
64 - 34 =	76 - 46 =
99 - 69 =	99 - 89 =
86 - 76 =	89 - 59 =
58 - 38 =	61 - 51 =
78 - 48 =	55 - 45 =
83 - 53 =	96 - 56 =
72 - 42 =	73 - 63 =
94 - 54 =	81 - 71 =
65 - 55 =	60 - 50 =
57 - 27 =	88 - 18 =
90 - 70 =	62 - 12 =

79 - 19 =	80 - 10 =
90 - 30 =	62 - 22 =
57 - 7 =	93 - 23 =
85 - 25 =	59 - 29 =
69 - 9 =	64 - 14 =
72 - 12 =	95 - 55 =
95 - 65 =	77 - 47 =
54 - 14 =	82 - 32 =
91 - 41 =	56 - 16 =
70 - 30 =	98 - 68 =
68 - 18 =	72 - 42 =
87 - 27 =	87 - 17 =
55 - 5 =	99 - 49 =

58 - 28 =

65 - 35 =

81 - 21 =

73 - 53 =

94 - 24 =

66 - 46 =

92 - 52 =

75 - 45 =

80 - 60 =

53 - 33 =

88 - 48 =

61 - 11 =

96 - 66 =

77 - 57 =

92 - 82 =

55 - 45 =

61 - 51 =

87 - 77 =

99 - 79 =

75 - 55 =

93 - 83 =

64 - 44 =

88 - 78 =

50 - 30 =

69 - 59 =

72 - 62 =

$10 \div 2 =$	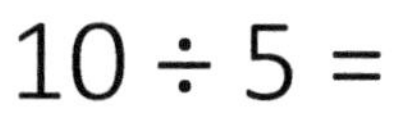 $10 \div 5 =$
$8 \div 2 =$	$15 \div 5 =$
$6 \div 2 =$	$30 \div 5 =$
$4 \div 2 =$	$18 \div 6 =$
$12 \div 3 =$	$12 \div 6 =$
$9 \div 3 =$	$24 \div 6 =$
$15 \div 3 =$	$30 \div 6 =$
$18 \div 3 =$	$21 \div 7 =$
$16 \div 4 =$	$14 \div 7 =$
$20 \div 4 =$	$28 \div 7 =$
$12 \div 4 =$	$35 \div 7 =$
$8 \div 4 =$	$16 \div 8 =$
$25 \div 5 =$	$24 \div 8 =$

32 ÷ 8 =	30 ÷ 6 =
40 ÷ 8 =	24 ÷ 4 =
27 ÷ 9 =	28 ÷ 7 =
18 ÷ 9 =	35 ÷ 5 =
36 ÷ 9 =	21 ÷ 3 =
45 ÷ 9 =	27 ÷ 9 =
10 ÷ 2 =	36 ÷ 6 =
14 ÷ 2 =	15 ÷ 3 =
16 ÷ 4 =	40 ÷ 8 =
20 ÷ 4 =	18 ÷ 6 =
22 ÷ 2 =	24 ÷ 8 =
18 ÷ 2 =	11 ÷ 2 =
12 ÷ 6 =	13 ÷ 2 =

17 ÷ 2 =	66 ÷ 9 =
19 ÷ 3 =	13 ÷ 3 =
22 ÷ 3 =	15 ÷ 4 =
25 ÷ 4 =	19 ÷ 4 =
29 ÷ 4 =	21 ÷ 5 =
32 ÷ 5 =	23 ÷ 6 =
37 ÷ 5 =	28 ÷ 7 =
41 ÷ 6 =	31 ÷ 8 =
43 ÷ 7 =	35 ÷ 9 =
48 ÷ 7 =	39 ÷ 5 =
53 ÷ 8 =	43 ÷ 6 =
57 ÷ 8 =	46 ÷ 7 =
61 ÷ 9 =	49 ÷ 8 =

53 ÷ 9 =	72 ÷ 9 =
55 ÷ 6 =	81 ÷ 9 =
59 ÷ 7 =	90 ÷ 10 =
61 ÷ 8 =	96 ÷ 8 =
66 ÷ 9 =	100 ÷ 10 =
70 ÷ 8 =	110 ÷ 10 =
74 ÷ 9 =	120 ÷ 12 =
79 ÷ 5 =	130 ÷ 10 =
82 ÷ 6 =	144 ÷ 12 =
86 ÷ 7 =	150 ÷ 15 =
90 ÷ 8 =	160 ÷ 16 =
93 ÷ 9 =	170 ÷ 10 =
64 ÷ 8 =	180 ÷ 18 =

190 ÷ 10 =

200 ÷ 20 =

121 ÷ 11 =

132 ÷ 12 =

143 ÷ 11 =

154 ÷ 14 =

165 ÷ 15 =

176 ÷ 16 =

187 ÷ 17 =

198 ÷ 18 =

209 ÷ 19 =

220 ÷ 20 =

231 ÷ 21 =

242 ÷ 22 =

253 ÷ 23 =

264 ÷ 24 =

275 ÷ 25 =

286 ÷ 26 =

297 ÷ 27 =

308 ÷ 28 =

319 ÷ 29 =

330 ÷ 30 =

341 ÷ 31 =

352 ÷ 32 =

363 ÷ 33 =

374 ÷ 34 =

385 ÷ 35 =

396 ÷ 36 =

407 ÷ 37 =

418 ÷ 38 =

429 ÷ 39 =

440 ÷ 40 =

451 ÷ 41 =

462 ÷ 42 =

473 ÷ 43 =

484 ÷ 44 =

100 ÷ 5 =

200 ÷ 10 =

300 ÷ 15 =

400 ÷ 20 =

500 ÷ 25 =

600 ÷ 30 =

700 ÷ 35 =

800 ÷ 40 =

900 ÷ 45 =

1000 ÷ 50 =

110 ÷ 11 =

120 ÷ 12 =

130 ÷ 13 =

140 ÷ 14 =

150 ÷ 15 =

160 ÷ 16 =

$170 \div 17 =$

$180 \div 18 =$

$190 \div 19 =$

$200 \div 20 =$

$210 \div 21 =$

$220 \div 22 =$

$230 \div 23 =$

$240 \div 24 =$

$250 \div 25 =$

$260 \div 26 =$

$270 \div 27 =$

$280 \div 28 =$

$290 \div 29 =$

$300 \div 30 =$

$310 \div 31 =$

$320 \div 32 =$

$330 \div 33 =$

$340 \div 34 =$

$350 \div 35 =$

$360 \div 36 =$

$370 \div 37 =$

$380 \div 38 =$

$390 \div 39 =$

$400 \div 40 =$

$500 \div 50 =$

$600 \div 60 =$

700 ÷ 70 =

800 ÷ 80 =

900 ÷ 90 =

1000 ÷ 100 =

2000 ÷ 100 =

3000 ÷ 100 =

4000 ÷ 100 =

5000 ÷ 100 =

6000 ÷ 100 =

7000 ÷ 100 =

8000 ÷ 100 =

9000 ÷ 100 =

10000 ÷ 100 =

11000 ÷ 100 =

12000 ÷ 100 =

3000 ÷ 100 =

14000 ÷ 100 =

15000 ÷ 100 =

16000 ÷ 100 =

17000 ÷ 100 =

18000 ÷ 100 =

19000 ÷ 100 =

20000 ÷ 100 =

21000 ÷ 100 =

22000 ÷ 100 =

23000 ÷ 100 =

24000 ÷ 100 =	37000 ÷ 100 =
25000 ÷ 100 =	38000 ÷ 100 =
26000 ÷ 100 =	39000 ÷ 100 =
27000 ÷ 100 =	40000 ÷ 100 =
28000 ÷ 100 =	41000 ÷ 100 =
29000 ÷ 100 =	42000 ÷ 100 =
30000 ÷ 100 =	43000 ÷ 100 =
31000 ÷ 100 =	44000 ÷ 100 =
32000 ÷ 100 =	45000 ÷ 100 =
33000 ÷ 100 =	110 ÷ 11 =
34000 ÷ 100 =	120 ÷ 12 =
35000 ÷ 100 =	130 ÷ 13 =
36000 ÷ 100 =	140 ÷ 14 =

Noch ein Sujet

Was er als Kind geträumt,
erschien fantastisch ihm;
er hat es gleich notiert,
hinein ins Tagebuch.

Später, nach Jahrzehnten,
geschah, das er da las
in Büchern die Geschichten,
die er als Kind geträumt.

Doch war ein jdes Buch
von anderen geschrieben,
die er niemals gekannt,
die auch ihn nicht kannten.

Lange sinnt er drüber nach:
Gibt's ein Zentrum der Empfindung,
drin gebündelt jeder Traum?
Und verzweigt sich bald,

und trifft auf den und jenen,
der beschreibt was er geträumt,
oder aber tut das nicht?
Antwort wird ihm nicht zuteil.

Good night!

Einsam ein Matrose lenzt
im lecken Boot im Hafen:
nachts. Die Fische, gutbeschwänzt,
verzischen sich: sie schlafen.
Vater Kabelkran tut's auch:
er ratzt elektrisch leise.
Schnecken-Otto ruht am Strauch:
und läuft, im Traum, im Kreise.
Marder Max ist unterwegs.
Ein Schwärmer fledert oben,
sucht verstohlen seinen Schäks.
Da flüchtet wer: Mikroben!
Sie sagen, wen sie trafen
tags: die Zahl ist unbegrenzt.
Im lecken Boot im Hafen
einsam ein Matrose lenzt.

Zweite Fassung eines Gedichts

Die Kerzen brannten.
Dann verbannten
sie sich.
Und ich
hatte noch immer
keinen Schimmer,
wo ich war.
Die Wand, na klar,
tapetete einen Gruß.
Von den Kerzen blieb Ruß.

Ich befand mich in einem fremden Zimmer.

Skepsis

Und ein Hauch von Gott
ruht in den Dingen.
Doch der Rest ist groß.
Nichts wird gelingen.

Von Kritikern

Wiederum andre da fanden indessen, was keine gedacht von
diesen: lebendiges Wesen, natürliche Frische in Worten.
Diese auch sahen Behendes im Tanzen der fröhlichen Zeilen,
sprachen sogar von Gedichten, als wären es eigene Verse,
nicht aufgeschriebene aber, von denen das Innre Erleuchtung
findet sehr oft in unsagbaren Tiefen. Noch andre nur zählten
Silben; sie hatten es schwerer als Knechte, in Ketten gelegt
Worte zu brechen, sich quälend mit vielerlei rhythmischen Sachen,
deren geregeltes Maß. das mitunter verändert erschienen,
höher zu setzen und Stufengerechtes erbaulicher findend.

März 1976

Begegnung

Im Walde, wo wir waren,
ging ein Fuchs an uns vorüber.
Vermutlich ein ganz lieber.
Er wollte wohl zu seinen,
ebenfalls sehr lieben, Kleinen.
Und wir? Sind fortgefahren.

Stafette

Der Mond, da droben, lacht
und leitet sacht die Nacht
zum Tagesanbeginn.

Die Vöglein, die dann singen,
sie bringen auf den Schwingen
den Tag zum Frühling hin.

Ohne mich hier in Details zu verlieren: Ich behaupte, viele meiner Sujets
(vermutlich, weil ich sie voraus träumte) fand ich in späteren Jahren bei anderen Autoren fixiert,
zumindest ähnlich gestaltet, in anderen Büchern wieder.

Ergibt sich für Sie nun nicht glasklar die Frage, ob ich mit dem, was ich heutzutage schreibe (sieht
man mal von diesen flüchtigen Notizen ab!), nur die Träume und, durch magische Kräfte,
überlieferten Gedanken von Menschen, die viel früher lebten, "abzeichne" (das Karbonpapier
wieder!), und eigentlich nichts Eigenes besitze?
Wären wir dann allesamt in einem, wahrhaft "gedachten", Hyper-Raum miteinander und durch
alle Zeiten verbunden? Wer lässt mich diese Zeilen schreiben? Der Stift rast über das Papier; so
schnell schreibe ich doch sonst nicht; ist das überhaupt mein Stil; wer diktiert, wer, so frage ich Sie
(obzwar ich vergeblich frage!), gibt mir ein, was hier geschrieben steht? Bin ich seit Tagen wach,
kam ich nicht vorhin aus dem Stall zurück, muss ich nicht nachher wieder dorthin, um die Kühe zu
melken?

Da fällt mir ein: Es gibt Sie gar nicht; und selbst, wenn es Sie gäbe, könnten Sie diese Blätter hier
nicht lesen, weil ich sie (wie so viele Manuskripte zuvor) zerreißen werde, jetzt.

   (April 1988)

Hausherrn (der gerade zum Dorfkonsum gegangen war, Schnaps zu holen) ein Heft (kein Tagebuch!), randvoll mit delikaten, gereimten Geschichten (als da waren: "Mittagsruhe im Schloss"; das ist jene, in welcher die Fürstin, weil sie ihren "Alten" nicht mehr so recht mag, sich ihm, als den das Verlangen plagt, strikt verweigert, eine Migräne vorschützend, jedoch kurz darauf sorglos mit den Pagen, unter anderem einem gewissen Fritz von Treuenbrietzen, beschäftigt ist, die es ihr mehrmals und sogar zeitgleich "besorgen", so dass am Ende, lässt man mal den Fürsten aus, alle zufrieden sind; oder "Frau Agnes", die von ihrem, in Liebesdingen bis dato unbeleckten, Vetter besucht wird, den sie konsequenterweise und glattweg verführt, woraufhin jener Anverwandte ungeahnte sexuelle Kräfte entfaltet, was letztlich aber zum Tod der Agnes führt).

Also, die Hefte. Ich beschrieb (Wells war mir unbekannt) den Bau einer Zeitmaschine (der Einfachheit setzte ich das Gefährt aus Gerümpel, dem Schuttabladeplatz entlehnt, zusammen), die Fahrt und die Rückkehr.
In anderer Story versuchte ich (mit einigen Leidensgefährten), ein Projekt in Angriff zu nehmen: die letzten "weißen Flecke" auf der Landkarte durch forschende Tätigkeit auszumerzen; doch stürzte unser Flugzeug kurz nach dem Start ab, und die Aktion brachte uns nur "blaue Flecken" ein; dann fiel auch noch ein Tier, das einem Mammut ähnelte, vom Himmel, explodierte leider und enthob uns genauerer Untersuchung.
Wieder eine andere Geschichte titulierte ich banal "Mein Traum"; sie ist unvollendet geblieben, und es traten darin die bereits erwähnten Professoren auf; ich arbeitete mit Zeitsprüngen, entwickelte Theorien en masse (auch diese: es gäbe die Chance für uns Menschen, die wir ja die Herren des neuesten Erdzeitalters sind, einen Bereich zu finden und zu betreten, der es uns möglich macht, die "Nachfolger" unserer Spezies, die neuen Herrscher, wie immer diese auch geartet wären, in schöner Geborgenheit zu überleben).

Vater schien das Religiöse, die Kirche allgemein, nie so richtig ernst genommen zu haben, er war (vielleicht lag es daran?) ein jähzorniger Mensch.

("Ich kann das nicht in mich reinfressen!" sagte er.)

Ich entsinne mich, was ihn betrifft, keiner Gebete, allerhöchstens des Abendspruchs: "Vater unser! Hosen runter! Marsch ins Bett!"

Mutters Sprüche (von denen ich nie erfahren habe, ob sie von ihr selbst fabriziert wurden) waren mir bald sehr vertraut; so klein, wie sie war (anderthalb Meter), so kräftig-deftig kamen die Sprüche daher, etwa "Kapusta und Groch stopft dem Bauern das Loch" (also: Sauerkraut und Erbsen), oder dies hier: "Im Himmel war die Schwiegermutter mit der grünen Jacken. Sieben Jahre lang. Dann kam sie runter, um zu kacken. Ist das nicht ein dummes Weib, dass sie nicht im Himmel bleibt?"

Das frühe Tagebuch-Konglomerat starb ab; ich war neun, ich war zehn; die kleinen Heftchen wechselte ich gegen größerformatige aus, übertrug die Geschichten.

Na, aber sicher! Die Aufgabe, hier für datengerechte Ordnung zu sorgen, überlasse ich voll und ganz Ihnen; Sie kommen damit schon zurecht.

Und außerdem erklärte ich eingangs zur Genüge das Kreuzwort-Schema.

Ich schätze, bei flüchtigem Lesen fallen selbst mir weder orthographische Fehler, die ich an meinen frühen "Werken" ungeheuer hasste (was mich,
als ich etwas sattelfester in der Rechtschreibung war, bewog, die Geschichten allein nach der Anzahl dieser Fehler zu bewerten), noch solche in Bezug auf Zeit-Kongruenz auf.

(Wenn Sie Balzacs "Erinnerungen zweier junger Ehefrauen" lesen, im Hinblick nur auf Zeitfehler, werden Ihnen die Augen übergehen.)

Wir hatten (Mutter und ich) dem "Schorsch" noch einen Gegenbesuch abgestattet; es war in den langen Sommerferien; ich fand (und neugierig war ich schon immer) auf dem Dachboden des

Was an einem gewöhnlichen Montag passieren konnte, war Folgendes:
Ich glaube, es war sogar der Onkel, der frühmorgens los stiefelte, um dem Schmied im
Nachbarort eine Axt (zwecks Nachbesserung) zu bringen; er querte (nein, nicht der Schmied!)
einen Kreuzweg; gleich dahinter befand sich eine Brücke. Wäldchen beiderseits des Weges.
Plötzlich das Gefühl, jemand ginge hinter dem Onkel.
Und wie er sich umschaut (der Onkel!): wirklich, da geht einer, der aber (Ausgeburt der Hölle)
hatte wohl vergessen, seinen Kopf mitzunehmen; und immer weiter ging der Kopflose dem Onkel
nach und hinterher; der Onkel besinnt sich, macht das Kreuz, betet das Vaterunser; die Gestalt
verschwindet; der Onkel aber, "mit vollen Schritten", eilt davon und ist schon nahe beim Schmied.

Na, Sie sind ja mächtig schlau! Das liegt doch auf der Hand, dass meine mütterliche Linie ebenso
gläubig wie auch abergläubisch war; die Versuche meiner Mutter, mich zu einem reinen Glauben
zu bewegen, führten nur anfänglich zu Erfolgen; einzelne Gebete; der Besuch einiger
Religionsunterrichts-Stunden (im Pfarrhaus, gleich neben der Schule):
Dort gab es, als Dankeschön, bunte Bildchen (die habe ich dann natürlich auch eingeklebt).

Hatte ich übrigens schon erwähnt, dass ich mit neun Jahren (zu Besuch bei der Tante, die damals
in Hettstedt lebte) die Bibel komplett gelesen habe? Die Eltern hatten mich für einige Wochen
"abgeschoben"; in dieser
Zeit heirateten sie, und es fand wieder ein Umzug statt.
(Das war auch damals: Ich hatte zur Mutter "Sie" zu sagen.)
Und das Einzige, was bei mir an rituellen Handlungen noch heute präsent ist: das "Bekreuzen" des
frisch gekauften Brotes, bevor es angeschnitten wird; doch selbst das vergesse ich bisweilen, vor
allem, wenn ich mir (was, seitdem ich wieder Junggeselle bin, des öfteren vorkommt) nur ein
halbes Brot besorgt habe (dieses wäre, könnte man sinnieren, bereits vorher durch die
ungläubige Verkäuferin, die es zerschnitt, entweiht worden).

Wenn es nicht gerade darum ging, wer damals am meisten Hoffmannstropfen (das Nationalgetränk der Ukrainer?) schlucken konnte, ohne dass der nach diesem "Genuss" übern kurzen Weg starb (ja, probieren Sie doch, bei Gelegenheit, einen halben Römer davon!), oder wenn es auch nicht darum ging, ob mein Onkel Wilhelm (er war der größte der Wischnewskis: 1 Meter 70), der dazumal in den Wirtschaften die beim Hoffmannnstropfentrinken aufkommenden Streitigkeiten schlichtete, indem er sechs, acht oder zehn Rüpel aus dem Fenster warf (über die genaue Anzahl bestand keine Absicherung; was bei der Schnelligkeit, mit welcher der Onkel solche Kämpfe zu seinen Gunsten entschied, nicht verwunderlich erscheint); wenn es also nicht darum ging, wurden Spuk-Geschichten zelebriert.

Wenn es Sie interessiert (ja?), führe ich hier ein paar Beispiele an.
Jemand war (dies bleibt nur wenigen oder keinem erspart) gestorben; da war er nun "zubereitet" und aufs Totenbett gelegt worden; wie es der Brauch in jenem Land zu jener Zeit, wurden an drei aufeinanderfolgenden Tagen an der Bahre (im Haus des Verstorbenen) entsprechende Lieder gesungen, für jeweils drei Stunden (von abends acht bis abends elf Uhr), wozu die Klageweiber des Dorfes und der Umgebung erschienen; nach Ablauf der drei Tage, in der Nacht zum vierten, als das Absingen der Totenlieder beendet war, als die "Gäste" das Haus schon verlassen hatten, als die Witwe mit den Kindern allein war, passiert es: dem Toten (ihm waren die Arme "gekreuzt" worden) sinkt eine Hand herab; die Frau (sitzt mit den Kindern am Tisch) sagt zum Ältesten: "Geh, und lege dem Vater wieder die Hand herauf!"; das Kind befolgt die Anweisung und ist kaum zurück, da fällt die andere Hand des Toten herab; nun wird es ihnen doch "unheimlich" (Ihnen etwa nicht?); die Hand, den Arm wieder hoch zu legen, traut sich keiner mehr (der Hund, der in der Stube gelegen hatte, winselt, kriecht zur Tür); der Mann aber steht auf, als sei nichts gewesen, geht in die Kammer; die "Witwe" und ein Kind, da er sie berührt, erschrecken zu Tode; wirklich: sie sterben; die anderen flüchten ins Freie; der Mann, als er aus der Kammer wieder in die Stube kommt, sieht konsterniert die Leichen; er bleibt am Leben, war scheintot gewesen.

Erwachsene sie beiläufig berichteten. (Wohl wurde ich als Zuhörer geduldet, aber keiner der Erzählenden nahm mich "voll"; ich war ja noch "so klein"; mitunter, wenn Besuch in unser Haus kam, konnte es passieren, dass man sich entsetzte, weil ich, beispielsweise, die "Entwicklungsgeschichte der Erde", ein Brockhaus-Taschenbuch der Geologie las, statt irgendwelcher Schmöker über Piraten; gewiß, manchmal tat ich das nur der Worte, der fachlichen Bezeichnungen wegen, an die ich meine Phantasie hängen konnte; so habe ich in einer Geschichte, die ansonsten einen Traum nachgestaltete, den darin handelnden Personen ehrenhalber die Namen von längst vergangenen Erdzeitaltern verliehen, was ihnen, als gelehrten Leuten, gut zu Gesicht stand: die Professoren hießen Kambrium, Jura, Kreide.)

Ein Besucher hieß "Schorsch" (Georg); er wohnte nicht nur in dem Örtchen Roda (bei Sandersleben), das eine unserer frühen Stationen gewesen war, nein, er war auch "vom anderen Ufer" (wie es die "Alten" ausdrückten); und er meinte, mit Blick auf Zolas "Beute":"Das solltest du erst später lesen!" Komisch, dass daneben (ich las immer mehrere Bücher gleichzeitig) die "Buddenbrooks" und "Nackt unter Wölfen" lagen, schien ihm nicht aufzufallen oder ihn zu irritieren; es sei angefügt, dass ich die "Buddenbrooks" nur bis zu der Szene gelesen habe, in welcher eine der Hauptpersonen an einem kranken Zahn stirbt; das Buch verschenkte ich später; diese (doch unterschiedliche) Lektüre hatte ich über den "Illustrierten Buchkurier" bestellt (Buchhaus Leipzig).

Waren die Erwachsenen (Tante und Mutter) im Dialog begriffen, hörte ich zumeist unheimliche Geschichten aus dem damaligen Warthegau und aus der Ukraine (vorausgesetzt, sie palaverten nicht wieder polnisch; wenngleich: einzelne Worte und Redewendungen (für mich waren es ja Fremdsprachen; und ich konnte erst ansatzweise mitreden, als später, ab der fünften Klasse, der Russischunterricht begann) schienen sie nicht abstreifen zu können und benutzten sie ständig, ins Deutsche gestreut, Bezeichnungen etwa für bestimmte Speisen.

Innerhalb von drei Wochen war ich der Reihe nach (Wie, auch diese Formulierung hatten wir schon? Na, ich verspreche Ihnen, gelegentlich höre ich mir den Text mal selber an.) in alle Mädchen meiner Klasse verliebt und verliebt gewesen, ohne über einen verlegenen Kuss (selbst der blieb uneingelöst) nachzudenken.

Zeitgleich beschäftigten mich Witze, die ich von älteren Schülern (auf dem Hof, in der Großen Pause) oder auch von Erwachsenen hörte.

Beispielsweise, worin denn der Unterschied zwischen einer Weinflasche und einer Frau bestünde? Nun, die Flasche würde zuerst befüllt und dann verkorkt, die Frau aber zuerst verkorkt und dann befüllt.

Neben solcherart Witzen, die ich notierte, standen im mittlerweile bunt gefächerten "Vorläufer" Beschreibungen nicht stattgehabter Ereignisse; immerhin: mit zehneinhalb Jahren war ich mir einiger Unterschiede (geschlechtsbedingt) bewußt.

Jedoch tat ich, außerhalb des Heftes, ganz unbedarft.

Einmal (Erwachsene waren im Zimmer, sprachen miteinander, wiesen auf mich) antwortete ich, nachdem gesagt worden war: "Der weiß schon, dass es zweierlei Menschen gibt." in bestimmtem Ton: "Ja, gute und böse!"

Mein Polarstern blieb: die Sehnsucht nach Zärtlichkeit. Manifestiert in anderen Geschichten, die ich erdachte; auch eine Kleinstadt-Katastrophe war dabei, mit Giftgas und traurigem Ausgang; der "Held" schwamm durch einen Fluss (ich selbst übrigens habe erst mit 28 das Schwimmen erlernt). Eine konsequent durchgeführte Story; da ich seit jeher wenig vom Tod (zumal dem eigenen) halte, setzte ich mich in die dritte Person.

Das Unbekannte zog mich in seinen Bann, als Substrat meiner Phantasie entstanden Erzählungen (geschrieben in kleine Sechs-Pfennig-Heftchen);

aber komisch: auch hier kam ich nicht von Tatsachen los, und ich ließ mich weniger (um nicht zu sagen: gar nicht) von Büchern anregen als von Geschichten, die ich aufschnappte, wenn

Schulschreibhefte abgeliefert) in der Klasse genauso groß wie der von Jan Smolik in jenem Jahr
bei jener Fahrt.

Ehrlich, die ganze Zeit über, da ich dies hier zu Papier bringe, versuche ich krampfhaft, mich eines
Begriffes zu entsinnen, der für jene papierenen Dinge steht, die mich schneidend-klebend
belebten; die Situation ist eher vergleichbar dem Lösen eines Kreuzgitters (oder mögen Sie solche
Analogien gar nicht?); mir fallen nur, wenn ich alle möglichen Worte in meinem Gehirnkasten
herum rattern lasse, solche unzutreffenden Bezeichnungen wie "Karbonade" (sicher als
synaptische Querverbindung zu "Karbonpapier", dem ich damals pausenderweise in starkem
Maße verfallen war, was mich in meiner Entwicklung, zum Zeichner hin, bis an den Nullpunkt
zurück warf; dabei hatte ich doch bereits im zarten Alter von vier Jahren meine Angehörigen zu
porträtieren versucht, die jedoch nie die Geduld besaßen, mir "ausführlich zu sitzen") und
"Palimpsest" ein.

Obwohl, mit Papier hatte das Ganze schon zu tun: gedruckte Einzelbilder,
zu einem Gesamt-Blatt (mittels "Ableitungen") verbunden; in den Schreibwarenläden lagen ganze
Serien aus: Blumen, einheimische und exotische Tiere, die Sieben Weltwunder, andere Bauten,
Brücken, Denkmal-Gruppen; die Rückseiten der Bilder waren mit erklärenden Texten versehen,
was mich also der Mühe nicht enthob, sie, als "Marginalien", unter die eingeklebten
Welthaftigkeiten zu schreiben.

Das Zeichnen, wie gesagt, hatte ich mir selbst verleidet; so beschäftigte
ich Hirn und Füllfederhalter (eine nachherig längere Phase des Kugelschreiberbenutzens verhalf
mir zu unnachahmlicher und unentzifferbarer "Klaue"; weshalb ich es heute auch nicht mehr nötig
habe, mich einer Geheimschrift zu bedienen) mit eigenen Erfindungen, die, weil in meiner Vor-
Pubertät entstanden, einen recht wenig qualifizierten erotischen Duktus besaßen.

Gedichte nahm ich zu diesem Zeitpunkt noch nicht in Angriff, dafür aber Geistreicheleien über
Abenteuer, die ich vorhatte, irgendwann einmal mit Mädchen zu erleben.

bewachte, in welchem ich seelenruhig geraume Zeit lag, währenddessen Vater, der versprochen hatte aufzupassen, herum flanierte (die weibliche Verwandtschaft bediente sich gröberer Ausdrücke).

Im konkreten Fall war über eine Hündin gesprochen worden, die Vater vertrauensvoll einem ebenfalls als Hundeschacherer bekannten Einwohner unserer Stadt verkaufsweise überantwortet hatte; bei dieser Transaktion bestätigte Vater dem Tier die allerbesten Eigenschaften.
Jeden Zweifel daran ging er von vornherein aus dem Wege!
Nun aber (jetzt) denunzierte er das arme Tier, bezeichnete es als "Lerche"
(Rotwelsch? Ich weiß es nicht; ein entsprechendes Wörterbuch, das ich selbstverständlich auch mal in Angriff nahm, hatte spärlichen Umfang und ist zweckentfremdet weitergeführt worden; es war, in letzter Instanz, nurmehr die Sammlung von alltäglichen Versprechern.)
Es stimmt schon: Wie leicht (und dahin liefen die Vermutungen des bloßgestellten Vaters) hätte ich, falls jener andere Hunde-Spezialist wieder ins Haus gekommen wäre, ihm in kindlichem Übermut die Sache gleichfalls vorlesen können.

Fürderhin nahm ich Abstand von den Vor Ort-Reportagen.
Und fiel prompt ins andere Extrem: ins Träumen.

Als sachlicher Nutzwalter der nächtlichen Traumwelt überführte ich die Gestalten daraus aufs Papier. Mag sein, ich hätte schon früher dazu Anlauf genommen, wenn ich damals nicht zu sehr mit Ausschneiden und Einkleben beschäftigt gewesen wäre.
Da gab es kaum Grenzen; selbst in der Schule nicht, wo wir den Auftrag bekamen, eine Chronik, bestehend aus Zeitungsausschnitten, über die Friedensfahrt anzufertigen.
Ich frequentierte unentwegt den Zeitungs-Kiosk und hatte auch bereits zuhause die in meine Reichweite gelangten aktuellen Zeitungen auf "Course de la paix"-Berichte hin regelrecht zerschnippelt (zumeist bevor Vater las); zuletzt war mein Vorsprung (ich hatte drei vollgeklebte

und war, wenigstens von Mutters Seite her, sicher vor Entdeckungsgefahr: sie nämlich konnte weder schreiben noch lesen (bei Unterschriften: drei Kreuze); es ist mir später nie gelungen (ja, gewiß, Anläufe dazu gab es), ihr das Schreiben beizubringen.

Vater, um das zu erwähnen, schrieb "deutsch", was mir dermaßen imponierte, dass ich schließlich Sütterlin lernte und sich dann manchmal unter mein "Latein" die alten Deutschen mischten; bisweilen schrieb ich so (Leonardo da Vinci bediente sich der Spiegelschrift!), um den Anschein zu erwecken, die Aufzeichnungen seien geheimnisvoll.

Mit der Zeit konnte ich aber nicht mehr für mich behalten, was da an aktuellem, gewiß banalen Gespräch mitgeschrieben worden war; es juckte doch zu stark, die Eltern zu überraschen, und ich nahm einen losen Zettel, replizierte meinen verdutzten Erzeugern, was sie vielleicht vor einer halben Stunde ahnungslos äußerten; gleichsam die Büchse der Pandora öffnete ich!

Jedenfalls wurde ich mächtig angeranzt; in besagtem mitnotierten Meinungsaustausch war es um ein Geschäft gegangen, dessen sich Vater damals in großem Maße befleißigte, des "Schacherns mit Hunden". (Anders lässt sich das nicht bezeichnen, und am besten so wiedergeben, wie ich es mal mit einem frühen Spruch versuchte: "Er besaß der Hunde zwanzig und sieben, davon tat er sechsundzwanzig verschieben." Also, der Reihe nach.)

Wir waren, aus richtig vermutetem Grund, nie um den Besitz von springlebendigen Flöhen verlegen; auf die genauen täglichen Abschussquoten dieser etwas kleineren Tiere kann ich mich nicht mehr besinnen.

Was die Hunde betraf, so sind einige darunter gewesen, die ziemlich lange beim Vater aushielten: der gelbe Rolf (der den Umzug, per Bahn, von Sachsen-Anhalt in den Ostsee-Bezirk mitmachte), Rex und Argo, Falco, Harras; an jeden Hund ließen sich, wie Blechbüchsen an den Schwanz einer Katze, Geschichten binden, die ich Ihnen aber vorerst (?) noch ersparen möchte, denn um dabei chronologisch vorzugehen, müsste ich bei Putzi beginnen, jenem Hund, der meinen Kinderwagen

Es wird Sie nun nicht sonderlich überraschen, wenn ich bei dieser Gelegenheit von einem (ebenfalls verlorengegangenen) Vorläufer meines ersten Tagebuches berichte; dieser "durchlief" mehrere Phasen; es mag sein, dass ich diese heute nicht mehr in die absolut richtige Reihenfolge bringe.

Anfangs glichen die täglichen Notizen wohl eher einem Kontobuch (von der Art, wie Dürer es führte).

Peinlich genau listete ich auf, was wir für wie viel Geld wo und wann gekauft hatten. Soweit es meine eigenen Belange betraf, tauchte oft der Posten "Speise-Eis" auf.

Etliche Seiten füllte ich auf diese Art und Weise. Selbstverständlich waren da auch andere Tätigkeitsangaben, meine Person betreffend.

Beispielsweise, wie viel an Buchseiten ich täglich las; ein wenig grenzte das schon an Rekordhascherei.

Und ich war schlau genug, die Vorsatzblätter der Bücher mitzuzählen, auf denen, wie Sie wissen, kaum etwas steht.

Ich erinnere mich, die Damen der hiesigen Kinderbibliothek (männliche Bibliothekare: Fehlanzeige) zumindest in Erstaunen versetzt, wenn nicht gar zum Ärgern gebracht zu haben: Bücher, die ich an dem einen Tag, nach Schulschluss, auslieh, brachte ich am darauffolgenden Tag, nach fieberhaftem Lesen, wieder zurück; die Damen (zumal die älteren) beschwerten sich, was ich nachgerade lustig finde, über mein Lesetempo; anscheinend kamen sie mit den Stempel-Eintragungen nicht hinterher. Jules Verne, das will ich noch anmerken, war einer der Kandidaten für einen "Schnelldurchlauf".

Parallel zum Tagebuch trieb ich (wollen wir sie mal vorsichtig so bezeichnen) etymologische Studien. Indem ich in schnellem Tempo (nein, Steno wollte ich nie lernen!) die Gespräche aufzeichnete, die im elterlichen Haus stattfanden; ich tat einfach so, als machte ich Schularbeiten,

Angriffen irgendwelcher Fußballer spricht?) Teil meiner Freizeit (die mir als Kind, da ich wenig im Haushalt zu helfen brauchte, reichlich zur Verfügung stand) verwendete ich daran,

faszinert von den wechselnden Zahlen, im Hausflur herumzustehen, den Blick mal auf die Gasuhr, mal auf den Stromzähler gerichtet (beide befanden sich in verschiedenen Ecken des Flures).

Oft litt ich an Nackenschmerzen.

Das war meiner damaligen Körperhöhe geschuldet, die es mir nicht erlaubte, einen geraden Blick-Kontakt zu den von mir angebeteten Zahlen zu haben; andererseits (was ich zu jener Zeit sicher bedauerte) war der Umstand, daß Stromzähler (ich sagte damals "Lichtzähler") und Gasuhr nicht in unmittelbarer Nachbarschaft hingen, von großem Vorteil:

Ich wäre ansonsten wohl oder übel schizophren geworden.

Ich konnte auch stundenlang vor dem Radio sitzen (einen Fernseher schafften wir uns erst viel später an; ich weiß noch genau: an meinem elften Geburtstag kam er ins Haus), nicht aber aus Gründen musikalischer Begeisterung; nein, ich hatte stets Papier und Bleistift sowie eine Uhr zur Hand, die einzelnen Titel zu "stoppen" (zwangsläufig waren das Allerweltsschlager, recht unlyrisch, was vielleicht mit dazu beitrug, einem

Großteil meiner frühen Gedichte sentimentalen Anhauch zu geben).

Bei alledem war ich (auch in "ferneren" Zeiten) im Matheunterricht nur Mittelmaß, was mich aber nicht davon abhielt, in Heimarbeit nach "stetig wiederkehrenden" Zahlenfolgen (und daraus resultierenden Gesetzen) zu suchen (insbesondere bei bestimmten Multiplikations-Serien.

Das hat mich zeitweilig stark beschäftigt.

Und noch heute bin ich davon überzeugt, dass ich kurz vor der Entdeckung eines neuen mathematischen Gesetzes (das dann unlösbar mit einem Namen verknüpft gewesen wäre) gestanden habe; allerdings sind alle diesbezüglichen Aufzeichnungen verloren, was den fortwährenden Umzügen zu verdanken ist, die auch, nachdem wir im Küstenbereich "Endstation" machten, nie abrissen.

Vater und Mutter hatten nun nichts Besseres zu tun, als im Laufe der nächsten (und meiner ersten) Jahre sich nördlicher zu orientieren und, gleichsam jedem Zwischen-Ort einen wohnweise nicht allzu lang befristeten Aufenthalt zu widmen; schließlich (nun dürfen Sie, aber nur einmal, raten, wer von beiden Elternteilen derjenige war, der dafür sorgte) die Landung in Vorpommern. Tatsächlich (sagte die Tante später zu mir!) ging die Initiative, wieder woanders hin zu ziehen, von Mutter aus.

So war ich, als ich eingeschult wurde, schon wenigstens fünfmal umgezogen (worden); aufgrund der vielen Sprachen und Dialekte, die mich in der frühesten Kindheit bestürmten, ergab sich der (für mich anfangs betrübliche) Fakt, daß meine Mitschüler nicht so recht verstanden, was immer ich sagte (ich habe dann lieber geschwiegen; den Lehrern gegenüber etwas weniger); das Sächsische schlug damals noch durch; später (das will ich Ihnen nicht verschweigen), als ich meine Zunge dem "niederen" Hochdeutsch angepasst hatte, passierte es mir einmal,
dass mich jemand partout als einen Rheinländer (!) abfertigen wollte.

Lesen, schreiben und rechnen habe ich tatsächlich erst in der Schule gelernt (in einem Kindergarten war ich nie gewesen; na gut, später ja, da ich gelegentlich meinen kleinen Sohn von dort abholte); die Magie der Zahlen und Buchstaben drohte mich zu überwältigen; ich erinnere mich genau, in einer der ersten Klassen ein kleinkariertes Rechenheft (DIN A5)
ausgefüllt zu haben, dergestalt, dass ich, bei "1" beginnend, senkrechte Zahlenkolonnen bildete, nur den gerade eben nötigen Zwischenraum lassend (und so, Seite um Seite, geduldig das Heft "vollendete").

Lag der Vorteil, den ich (für mich) angestrebt, in der Höhe der Schlußzahl,
die zu jener Zeit die andere überstieg, bis zu der meine Mitschüler und ich
im regulären Mathematik-Unterricht vorgedrungen waren?

Einen anderen, nicht unbeträchtlichen (ich darf diese umschreibende Formulierung doch benutzen, einem gewissen Sportreporter gleich, der unentwegt von "nicht ungefährlichen" (der Ort klang etwa so: Samara); später drifteten sie in Richtung Ukraine/Wolhynien.

Phantastische Ortsnamen: Dinbrova-Widawska, Niespodzianka (gelegen im Kreis Rowno).

War der Familienname schon immer: Wischnewski?

Während und nach beiden Weltkriegen gab es die Flüchtlingstrecks.

Meine mütterliche Seite hatte die seltene "Ehre", in beide Aktionen

(Umlagerungen; "Heim ins Reich") hinein zu geraten.

Zwischendurch scheint es meinem volksdeutschen Erbgut aber nicht schlecht ergangen zu sein:

Mutter berichtete von Mägden und Knechten, die sie auf "ihrem", vielleicht nicht übermäßig

großen Gut in Wolhynien (aber wo dort? irgendwo im Kreis Luzk?) besaßen.

"Bschosko" hieß einer von den Knechten …

Das muss im Zweiten Weltkrieg gewesen sein.

Dann kamen die "Beresogotowkas" (polnische -?- Bereitstellungslager);

laut vorsichtiger Schilderung von Mutter und auch vonTante Lene waren das:

KZ-Entsprechungen. ("Zwei Scheiben Brot am Tag für jeden.")

Ein "Umweg" (ich kann es nicht nachweisen) durch die Tschechei; Usti nad Labem. (Wenn es

stimmt, dass dort ein Bruder von mir, ein kleiner Junge noch, starb und schnell begraben werden

musste.)

Grünberg (Zielona Gora). Und endlich "heim ins Reich", als gar keines mehr vorhanden war.

Der Umsiedler-Pass (ausgestellt in Bischofswerda); ich habe ihn noch.

Insgesamt: alles schleierhaft. Und ich denke: Mutter und Tante, wann immer sie (zu DDR-Zeiten)

sich trafen, einander besuchten, werden in den Gesprächen, die sie führten (was sie oftmals,

sofern dritte oder vierte anwesend waren, auf polnisch, "dlaczego nje", oder in einem Gemisch

von ukrainisch und russisch taten), jene Einzelheiten stärker belichtet haben, die dem

unbedarften Zuhörer nicht dienlich gewesen wären (seiner positiven Weltsicht nämlich).

Irgendwann im Verlaufe dieser Völker- und Familienwanderung trat ich ins Leben; Splittergruppen

mütterlicherseits waren da bereits im Südharz angelangt (andere drifteten westwärts weiter).

Hedwig" hatte mich (wollen Sie ein schönes Wort?) diskriminiert.

Meine anerzogene (?) Schüchternheit / Befangenheit allen Menschen gegenüber wurde jedenfalls
größer.
Ich stelle diese Frage: Bin ich, im Sinne der vorhin angesprochenen Bücher und auch im
"Wirklichen", ein Ausländer?

Die Versuche, mich meiner Familiengeschichte zu bemächtigen, waren ebenfalls sehr schüchtern.
Ich weiß da nur wenig (und selbst das Durchforsten versammelter Manuskript-Berge würde
unerquicklich sein und nichtssagend); Großeltern hatte ich nie (in dem Sinne: sie starben zu früh,
als dass ich sie hätte kennenlernen können), diesbezügliche Bilder sind (aus meiner
"vorgeburtlichen Zeit") kaum vorhanden; was andere Dokumente anlangt, ist Gleiches zu
konstatieren.
Die Familie, der mein Vater entstammte, tändelte, wie ich aufgrund gelegentlicher Andeutungen
(zu mehr ließ er sich nicht herab) entnahm, zwischen Vor- und Hinterpommern herum; um die
Jahrhundertwende war sie gerade in Pyritz (wissen Sie, wie das heute heißt?) "stationiert".
Irgendwelche Kirchenregister-Auszüge aus dem vorigen Säkulum tragen
(mir unbekannte) Namen in die Neuzeit herauf; wahrscheinlich erbracht,
um arische Korrektheit zu bezeugen.
Vater meinte einmal (und ich versuchte erst gar nicht heraus zu bekommen, ob er das wirklich im
Ernst geäußert hatte), seine Vorfahren ließen sich bis an den Dreißigjährigen Krieg heran
auflisten.
Noch weniger Material (keine Fotos, kein irgend geartetes Schriftstück)
liegt in mütterlicher Hinsicht und Abstammung vor; da können wir unserer abenteuerbewußten
Phantasie freien Lauf lassen (gestützt lediglich auf einige mündliche Angaben); die Vorfahren
(schon zu jenem Zeitpunkt Volksdeutsche?) sollen in Sibirien (etwa als Verbannte?) gelebt haben

Wie? Sie meinen, in anderem Sinne würde, was ich nun nieder zu schreiben mich anschicke, sowieso wieder zu einer Art Tagebuch geraten,
da ja (Sie argumentieren!) unweigerlich Bezüge zur Jetztzeit in Betracht kämen, ich solche gar nicht ausschließen könne.
Sie haben so unrecht nicht!
Solch Eingriff vom Heute ins Gestern (und retour) ist schon, um das ganz lapidar auszudrücken: alltäglich.
Ich lese gerade ein paar Schweizer Autoren (gestern den "Stiller" von Frisch, heute Muschgs "Albisser"); wie müssen diese Leute (ich meine die Autoren) ihr Land hassen, den aufgepfropften Nationalismus (kommen sich bestimmt vor wie die Polen nach der "dritten Teilung")!
Wenn Stiller sich einfach opfert, weil ihm eine Frau leid tut, ist er gleichsam (denken Sie an die Zahnarzt-Szene; ach, Sie haben das Buch noch gar nicht gelesen?) der totgesagte Zahn, der wieder zum Leben erwacht.
Dem Außenstehenden, mag er auch noch so recht haben, glaubt man nicht, dem Insider hingegen wird das Überdiesträngeschlagen nachgesehen; der Albisser ist doch ein blöder Hypochonder; aber am meisten hat mich (mit Verlaub gesagt) angekotzt, daß dieser Widerling sich obendrein mit gewissen geistigen Tätigkeiten beschäftigt (zum Beispiel mit marxistischer Philosophie); außerdem war er: Lehrer.
An solche Typen kann ich mich partout nicht gewöhnen.
Etlichen Leuten (oder, um sie von den "Vernünftigen" abzusetzen: Menschen) scheint es geradezu ein Bedürfnis zu sein, anderen Personen,
von denen sie geistig überstiegen wurden (wobei sich über den Fakt der Erfahrung, der in vielerlei Hinsicht den Intellekt zu ersetzen in der Lage ist, streiten ließe) Abnormitäten anzudichten.
Ich habe das selbst erleben müssen; als ich ungefähr zwölf oder dreizehn
war, blühten plötzlich Gerüchte auf, denen zufolge ich ein Hilfsschüler war; irgendeine "Tante

Wie lösen Sie denn ein Kreuzworträtsel?

Also, ich kenne Leute, die kennen mich heute nicht mehr, aber ich weiß von ihnen (sonst würde ich vielleicht nichts weiter von denen wissen), wie sie bei Kreuzworträtseln vorgingen.
Ach Gott, wie ernsthaft sie dabei taten!

Nämlich zuerst wurden alle waagerechten Worte versucht, dann folgten die senkrechten; die Herrschaften strichen sorgsam, nach jeden Wortes "Entdeckung", im Begleittext ab, was sich ihnen ergeben hatte.
Andere auch gab es, die fingen, mit Lexika bewaffnet, stur oben links an und arbeiteten sich, in gleichmäßig fließendem Fleiß (wenn man sich eine diagonale Arbeitsweise vorstellt), bis nach unten rechts durch.
Fehlt nur noch, zu sagen, wie ich an Kreuzworträtsel herangehe.

Ich fange irgendwo an, löse wahrlich kreuz und quer, baue Labyrinthe, Spiralen, Schleifen.
Und ich streiche nichts ab, benutze keine Nachschlagewerke, keine Atlanten, vollende manches Wort nach dem Gefühl, schmecke sozu- sagen daran herum.
Ebenso frei, das muss ich Ihnen gestehen (und Sie werden sich das schon längst gedacht haben) gehe ich mit dem um, was ich erleben durfte.
"Musste" zu sagen, fällt mir nicht ein; ich bin ein unverbesserlicher Freiheitsfanatiker.

Wenn ich hier einige wenige Worte (id est: Erinnerungen) ent-löse, so will ich dabei gleichfalls ohne Landkarten auskommen, das heißt in diesem Falle: ohne Tagebuch (das ich freilich und eigentlich schon immer geführt habe).

Tagebucheintrag (1.1.1971)

 Nach dem „Fidelio" war die „Neunte" heute das zweite Werk Beethovens, das ich „ganz" gehört habe.

Bei der Oper ist der Handlungsablauf ja klar erkennbar, bei einer Sinfonie wird's schon schwieriger – da muss man sich (in den „Text") hineinknien, die Noten befragen.

Die „Neunte" ist unterteilt in, sagen wir mal „Abschnitte".

Wie ich die aufgefasst habe, dazu jetzt.

Der erste Abschnitt, da wird etwas aufgedeckt, eine gesellschaftliche Schwäche beispielsweise; man berät, immer das Ziel vor Augen – diese Schwächen sind zu beseitigen, dann würde, symbolisch gesehen, Freude eintreten (und ein Motiv aus Schillers Ode habe ich im ersten Satz ganz klar herausgehört); schließlich legt man einen Plan auf den Tisch. Abschnitt zwei. Im ganzen Land wird der Plan bekannt gegeben. Von Stadt zu Stadt, Ort zu Ort, zieht der neue Gedanke, der bessere Weg – denn die Pauken sind zuerst stark, werden schwächer, verstummen schließlich ganz; jedoch ertönt nach einer Zeit von fern erneut das Paukensignal, wird lauter und explodiert. Die Beziehung Pauken und „von Ort zu Ort" wird wohl nun klar. Nicht jeder ist mit dem Plan einverstanden; die Pauken „streiten" sich mit anderen Instrumenten.

Abschnitt drei. Der Tag der Entscheidung. Zuerst ist's früh, der aufdämmernde Morgen wird geschildert. Dann das Erwachen der Menschen, das Erwachen ihrer Tat. Anfangs ein wenig ziellos: die Besprechung des Tages, und was an diesem die Entscheidung bringen soll. Nach gründlichem Durchdenken aber die vereinte Zielsetzung, die endgültige Forderung an den Tag.

Der „Rest". Das Werk ist vollbracht, die Reform durchgesetzt, die Ergebnisse sind die seit langem ersehnten.

Ein Fest. Freude. Inmitten allgemeiner Begeisterung.

Auf ein Blatt geschrieben

Ich stell mir vor, so deutlich und so klar, daß angstvoll mich durchzuckt hell gleißender Schrei: Auf Abruf schwankt die Welt, die Ozon-Schicht reißt, unheimlich friedlich (so, wie sie's gewohnt) brennt die Sonne unser Leben nieder. Ich und du und wir, wir spüren nicht, was naht. Wer schweigt, der lügt. Wer schwätzt, wird immer lügen. Klug sind wir noch lange nicht. Verächtlich-väterlich lacht's All, krampft uns zusammen. Geplant ist unser Untergang, der Aufbruch unsrer Rasse war das Ende schon. Himmlische Sekunde dennoch! Aber die Spieler, die hitzig am Tische sitzen (über Plänen: wie zerlegt man die Welt, diesen Fasan), aber die Spieler, sie rücken Figuren nach bestimmten Regeln, kombinieren im Kleinen (unterworfen dennoch dem Erfinder des Spiels und seiner taktischen Züge: dem All). Es spielt der Mensch, solang er lebt. Schade eigentlich um ihn. Doch ist der Weltraum älter und hat recht.

(1984)

Der Chorus dieses Werks stimmt cholerisch mich. Ein Lustspiel wird's , sobald die Wände sprechen.
Der Schreiber steht nun ebenfalls auf der Bühne.
Schreiber:
Wenn das die Zuschauer tun, nennt man es gleich modern.
Zuschauer:
Es ist mein Recht, es müsst in jedem Stück so sein.
Dass, wenn ins Uferlose führt die Bühnenrede, einer da ist, der sich durch die Wellen schlägt ans Land. Dein
Geisterspiel (ich erlaub mir mal, es so zu nennen) spult sich endlos ab. Der Held schwankt hin und her; der schreibt im
Leben nichts! Hat er jemals was geschrieben? Ein Knecht der Worte ist er, nicht ein Freund der Hoffnung.
Schreiber:
Ich schrieb das Stück, weil mich die Zeit bedrängte. Ich musste lernen, ihr zu widerstehen. *(Er wird leiser.)* Der Tag war
angefüllt mit Sorgen.
Ein Unsichtbarer:
Dies bleibt dann wohl Fragment.

    (1978)

Erste Stimme:

sprengt die Knospen der wildwachsenden Kirsche. Den Frühling der Worte

Zweite Stimme:

gibt der Mensch sich selbst. Nicht jeder kann

Erste Stimme:

mit glattem Mund

Zweite Stimme:

raue Worte sagen, nicht jeder

Erste Stimme:

kann Worte verdrehen, daß sie erscheinen

Zweite Stimme:

unbegründet dem Betrachter.

Erste Stimme:

Jeder beschimpft und verachtet

Zweite Stimme:

die Wahrheit

Erste Stimme:

und jeder sehnt

Zweite Stimme:

nach Wahrheit sich. Also

Erste Stimme:

sind die Worte da.

Zweite Stimme:

Immer näher

Erste Stimme:

kommt die Stunde.

Ein Zuschauer eilt auf die Bühne. Niemand hält ihn zurück; jeder meint, es handele sich hierbei um einen besonderen Effekt des Stückes.

Des Stückes Schreiber dem Zuschauer nach.

Zuschauer:

Schluss mit dem Theater!

Womöglich liefe Krampe mit weißbemaltem Gesicht herum, das des Träumers wäre blau und meines unentschieden lila.

Die Buntheit meines Zimmers würde wohl nur jemand zeigen, der fünfzig Jahre früher lebte.

Wie sich das Theater wandelt, wandelt der Geschmack sich auch. Der Begriff des Absoluten ist uns verpönt, die wir doch nach Vollkommenem trachten.

Der eignen Meinung Relativität vertritt ein jeder resolut. Zehntausendmal die reine Wahrheit. Doch sieh genauer hin: zehntausendmal Betrug!

Weil es die eigne Meinung gar nicht ist, weil angenommen jedes Wort, nur variiert.

Hauptsache, man sagt "könnte" oder "wenn es möglich sei".

Angenommen, ich schreibe einen Satz: "Naiv sein heißt wahr sein."

Ist meine eigne Meinung, doch eckte ich damit überall wohl an.

Schrieb ich anders den besagten Satz, jeder käm und würde applaudieren.

Schrieb ich ihn **so**, dann wär Erfolg mir bald gewiss: "Naiv sein könnte heißen wahr zu sein."

Aber dann wär erst recht ich doch ein Träumer, der nicht weiß, was er will.

Und würde ich, laut Krampe, bald verrecken.

Ach, was red ich nur! Es ist alles Selbstbedauern. Umsonst ich damit die Minuten fülle.

Umsonst … *(schüttelt sich)* Ich merke wieder, daß die Zeit vergeht. Ein gutes Zeichen.

(Er verlässt das Zimmer. Die Stimmen der Worte wieder:)

Erste Stimme:

Immer näher

Zweite Stimme:

kommt die Stunde

Erste Stimme:

der Vereinigung.

Zweite Stimme:

Wir spüren die Sonne des Aprils.

Erste Stimme:

Sie dringt durch Fensterscheiben

Zweite Stimme:

wird in Spiegeln eingefangen

Wo ist der Kater? Weg gelaufen?

Der Dichter:

Liegt auf dem Boden irgendwo.

Knuth:

Lebt er noch?

Der Dichter:

Natürlich.

Knuth:

Dann ist das in Ordnung. Ich will nicht länger stören. Er will sicher noch was schreiben.

Wiedersehn. *(Sie steckt das Blatt, das mit der Unterschrift, in die Tasche, wirft sich diese um und verlässt das Zimmer, das Haus.)*

Der Dichter (den Brief in der Hand):

Wiedersehn.

Fünfte Szene.

Der Dichter *(überliest den Brief)*:

Zu umfangreiches Manuskript ... Leider nicht gesondert eingehen ... Grundsätzliche Bemerkungen ... literarisches Talent ... ungeheurer Ernst zur Arbeit bestätigt ...

garantiert noch keine guten Bücher ... Eine Menge Hindernisse ... Selbstverständigung

Gedankensplitter ... Nabelschau ohne literarischen Anspruch ... Entwicklung geht nur Schritt für Schritt ...

Das dacht ich mir. *(wendet das Blatt)* Aha! *(liest langsamer)*

Sie betonen in der Einleitung, daß Sie unverfremdete Geschichten erzählen wollen.

Warum tun Sie es dann nicht? Ihre Arbeiten zeigen eine gute Beobachtungsgabe und echte Anteilnahme für das Schicksal der Menschen um Sie herum. Nun müssen Sie allerdings den zweiten Schritt tun: Mit Distanz und Phantasie

aus dem gesammelten Material Geschichten machen. *(legt den Brief beiseite)*

Krampe wirft mir vor, mir fehle Realität. Da kommt ein Brief, kaum daß Krampe fort,

drin steht, ich solle doch mehr Phantasie zeigen. Was soll ich dazu sagen?

Wär dies hier eine Bühne und ich stünde drauf, so würd ich gern den Bühnenbildner fragen, warum er sie so kahl bevölkert hat, ausgerüstet nur mit Stuhl und Tisch.

bei Keinem.

Die Farben wechselten. Auch sein Gesicht: mal war es tiefbraun, mal gelb getönt.

Zuletzt lebte er bei Neandertalern und führte eine Horde an, hielt in der Hand ne Keule

(groß, aus Pappmache), die über sich er wütend schwang. Denn seine Gegner waren vom Stamm der Breiten Ohren,

sie hatten seine Braut entführt.

Der junge Mann war kaum noch zu ermuntern, die Ärzte mühten sich umsonst.

Er schlief. Nur manchmal noch durchzuckte starr es sein Gesicht, und Wellen liefen drüber.

Dann war's um ihn geschehen. Man grub ihn ein.

An seinem Sarge stand ein Mädchen, das dem Mädchen aus den Träumen ähnlich sah.

(blickt zur Uhr) Ich muss jetzt los. Junge, schreib was, lass dich nicht beirren.

Mach es gut! *(im Hinausgehen)* Die Postfrau kommt, bringt Zeitung eben.

Vierte Szene.
Die Postfrau (Frau Knuth), 65, tritt ohne anzuklopfen ein (trägt Kopftuch, Stiefel; umgehängt die Zeitungstasche), sie greift sich einen Stuhl, zieht ihn vom Tisch weg,
setzt sich (auf den Stuhl), knallt die Tasche auf den Tisch.
Knuth:

Ich habe Post für deinen Hinternamen.
Der Dichter:
Guten Tag, Frau Knuth!
Knuth.
Sagte ich's noch nicht? Guten Tag.
Was verkriecht er sich bei diesem Wetter? Der Garten wartet.
Der Dichter:
Ich grabe ihn bald um.
Knuth *(hält einen Brief hoch)*:
Hier, ein Brief von der Kultur! Für *(sie hält ihn von den Augen weg, als wäre sie weitsichtig)* dich.
Der Dichter:
Ja, das müsste die Antwort sein. Ich schrieb dorthin, vor vier Wochen.
Knuth:
Die Unterschrift brauche ich noch. *(Er leistet sie.)* So. *(blickt um sich)*

daß Wahrheit existiert, die ein Traum ihm fortgerissen.

So verdreht sich dann die Welt, ein Leben.

Der Dichter:

Übertreib nur nicht! Nirgends steht geschrieben, ein Traum wär schädlich

Krampe:

oder nützlich gar.

Der Dichter:

Zur Erholung dient der Schlaf, die tiefen und die flachen Phasen.

Das Gehirn wird angeregt, und Lösung von Problemen ist vielen Träumen nachgesagt.

Krampe:

Auflösung, richtig! Wie in einem Säurebad.

Der Dichter:

Das System der Elemente.

Krampe:

Auch mancher krumme Reim.

Der Dichter:

So kommen wir nicht weiter, Krampe.

Krampe:

Ich sehe es.

Bevor ich geh, noch ein paar Worte zu einem Film. Ich sah ihn mal, war damals noch ein Kind.

Ein junger Mann war Held des Films. Er schlief verteufelt gern. Und sobald er schlief, waren Träume rings um ihn.

Zuerst nur in der Nacht.

Da kam es vor, daß tags darauf man ihn versonnen sah, wenn er vergangner Träume bloß gedachte. Bisweilen sprach er vor sich hin.

Die Leute nahmen das nicht krumm, da sie doch wußten, daß eine Freundin er besaß.

So hatte er es erzählt. Daß sie im Traum nur existierte, das verriet er nicht.

Bald, nach kurzer Zeit, war so tief er versunken, daß jede freie Stunde er benutzte, der Wahrheit zu entfliehen. Er legte sich aufs Sofa, schlief im Sessel ein.

Und war sofort im Land der Liebe. Romantisches Gewinsel hüllte ihn gleich ein.

Er sprang durch alle Zeiten mit diesem Mädchen, das er traumhaft liebte, war den Sklavenhaltern ausgesetzt, entfloh dem Henkerbeil der Katholiken, verfiel auch zorngeladnen Protestanten, schloß Diesem sich und Jenem an und blieb

Der Dichter:

In die Verlegenheit kam ich bisher noch nie.

Krampe:

Schau dir deine Nachbarn an. Der alte Brimm wohnt mit Tochter, Enkelkind und Schwiegersohn in einem Haus.

Drumherum siehst du den Garten und, eingezäunt, ein Stückchen Feld.

Der junge Herr erregte deinen Ärger, sei ehrlich, geb es zu, wenn am Schreibtisch du gesessen. Denn plötzlich flackerte das Licht, als gäb es Morsezeichen oder flüstre dir, daktylisch oder so, auch Verse zu.

Der Dichter:

Aus ganz banalem Grund.

Krampe:

Weil jener junge Mann ein Schweißgerät im Schuppen hat.

Ist klar: So oft er arbeitet damit, saugt er den Strom zu sich und sorgt für Schwankung ungehemmt.

Zwei Häuser weiter wohnt Familie Hamm. Der Mann geht wohl bisweilen fremd.

Die Frau tut's nicht. Doch versucht sie, ihn zu halten.

Eine lächerliche List, längst von ihrem Mann bemerkt.

Du weißt, sie färbt sich neuerdings die Haare, dreht auch Locken sich hinein, und will so ähnlich machen die Frisur und sich: der Freundin ihres Mannes.

Du schriebst von diesen Leuten. Jetzt untersuchst du Träumerei'n.

Der Träumer ist erwacht, hat Krampe gesehen, und versucht nun sich unbemerkt davonzustehlen. Krampe jedoch entgeht das nicht, und er ruft im letzten Moment,

als der Träumer schon die Klinke in der Hand hat:

Genug geträumt, Herr Träumer?

Sie tun grad so, als ob sie uns nicht stören wollten.

Der Träumer:

Gewiss will ich das nicht. Die Träume kommen und vergehn, es bleibt ein Hauch von Zärtlichkeit, der sanft und sauber über das Gemüt sich legt.

(schnell) Sie entschuldigen mich wohl jetzt. *(Hinaus.)*

Krampe:

Ich wünsche einen guten Weg.

(zum Dichter) Und du bist still? Nunja, wer träumt, der spricht nicht viel dabei.

Nicht jeder redet dies und das im Schlaf. Er schweigt auch, nimmt er verstohlen wahr,

Der Dichter:

Ich...

Krampe:

Da fehlen auch dir die Worte?

Der Dichter:

Sie fehlen mir tatsächlich.

Krampe:

Hast du, mal diese Frage, schon die Erzählung fertig?

Du versprachst damals, es ist nicht lange her, sie mir zu zeigen, wenn ...

Nur zwei, drei Seiten noch, hast du gesagt. Vor einem Monat, wie ich weiß.

Der Dichter *(leise)*:

Erzählung? Welche nur? Ich kann mich nicht erinnern.

Krampe:

Begeistert hast du mir geschildert die Figuren.

Du kennst sie doch, lebst mit ihnen im selben Dorf. Sie sind aus Fleisch und Blut.

Na gut, auf dem Papier hast du manchmal übertrieben, die Worte war'n zu steil.

Der Dichter *(leise)*:

Ich bin abgerutscht, blieb stecken.

Krampe:

Ich las ja ein paar Seiten. Und ich kenn die Leute auch.

Die Postfrau, die seit fünfzehn Jahren das Dorf abklappert. Sie trägt durch die Gegend

Zeitungen nicht nur. An die Türklinken hängt sie die bestellte Arznei, fährt zur Stadt deshalb und auch ins

Nachbardorf, Medizin, die richtige, zu holen.

Er hält inne, als erwarte er einen Einwand. Da dieser ausbleibt, spricht er weiter.

Kosnicki lebt, ein alter Mann, im Schloss, wo früher saßen die Herren der Domäne.

Das Schloss ist groß, die Decke hoch in manchen Räumen.

Platz bietet dieses Haus zwölf Familien und drei Junggesellen.

Kosnicki kauft zweimal pro Woche Schnaps, jeweils eine Einkaufstasche voll.

Die Konsumfrau, sie weiß Bescheid: In seiner Wohnung hält sich der Schnaps nicht lange. Am Wochenende, zu den

Feiertagen, spät noch in der Nacht, da klopfen bei Kosnicki Leute an, die leiden strengen Durst.

Krampe *(ironisch)*:

Dann war's der Frühling sicher, der sie aufgetan.

Der Träumer *(im Schlaf)*:

Macht zu, macht zu, schließt alle Türen, ich will nur Müdigkeit verspüren!

Krampe *(lacht)*:

Der reimt sogar im Schlaf!

Wer ist das überhaupt, hab den noch nie geseh'n.

Der Dichter:

Ich weiß selbst nicht, wie er heißt.

Krampe:

Schreibt er? Ich meine, wenn er grad nicht schläft.

Der Dichter:

Nicht, daß ich wüsste.

Ich kenn ihn seit drei Wochen. Weiß auch gar nicht, woher er kam.

Doch bin inzwischen, ich durch ihn, tief in die Traumtheorie gedrungen.

Krampe:

Das wundert mich eigentlich. Du hieltest von den Träumen doch bisher nicht viel.

Vielleicht als Kind. Du hast mir mal erzählt …

Der Dichter:

Wie als Kind ich drüber dachte? Jeder Traum war Rätsel mir.

Krampe *(weist auf den Träumer)*:

Sag bloß, dieser da enträtselt deine Träume jetzt.

Er scheints im Schlaf zu tun.

Der Dichter:

Na, sozusagen.

Der Träumer *(murmelt im Schlaf)*:

Geduld … Geduld.

Krampe:

Von wegen! Ich kam doch nicht hierher, um ein kollektives Mittagsschläfchen zu halten!

Also, das schlagt euch aus dem Kopf.

Ich nahm es bisher als gegeben hin. Und dachte mir, spannst für'n paar Tage aus, für ein paar Wochen. Das braucht
der Mensch von Zeit zu Zeit.
Der Träumer *(im Schlaf)*:
Welch edler Klang! Jaja, ich komm!
Der Dichter:
Der schläft und macht sich keine Sorgen. Wie fremd ist er mir plötzlich.
Und wie, so frag ich mich, lernte ich ihn kennen überhaupt?
Er war da, ich vertraute ihm sofort. Weil als Kind ich meine Träume aufgeschrieben.
Er sagte, er hätte es ähnlich auch getan. Und er wisse um Möglichkeiten, tiefer in die Träume zu dringen, sprach von
Verdopplung und von Traumspiralen, von Träumen, die sich lenken lassen.
Erregt, mit lauter Stimme.
Mir hängt das bald zum Hals heraus. Fehlt nicht viel, und ich muß kotzen.
Der Träumer:
Diese Süße! Noch mehr, ich bitte!
Der Dichter *(lacht auf)*:
Ja, schling dich voll, lass deinen Speichel fließen!
Krampe ist unbemerkt eingetreten, steht jetzt hinter dem Dichter.
Krampe:
Besser der Speichel, als das Blut!
Der Dichter *(dreht sich überrascht um)*:
Du bist es? Krampe?
Krampe:
Hast wohl meinen Namen fast vergessen!
Mußt entschuldigen, daß ich dich erschreckte. Die Türen standen alle offen.
Der Dichter *(verdutzt)*:
Du hast sie nicht geöffnet?
Krampe:
Nein, doch. Da sie offenstanden.
Du scheinst mir reichlich durcheinander.
Der Dichter *(blickt zum Träumer)*:
Ich hatte sie vorhin hinter jenem zugemacht.

Wie aufwärts führte eine Treppe wendelartig.

Wir sind gestiegen, stundenlang.

Hoch über dieser Welt, wo das Gipfelmännlein hauste, winkte uns das Glück.

Welch schöner Traum! Ich werde, werde dafür sorgen, daß er ein zweites Mal uns trifft.

Erneut die unsichtbaren Stimmen.

Der Dichter und der Träumer werden zu Standbildern, erstarren in einer Geste.

Erste Stimme:

Das geht

Zweite Stimme:

zu weit,

Erste Stimme:

der treibt's

Zweite Stimme:

zu bunt. Wir müssen etwas tun,

Erste Stimme:

soll er nicht ewig in den Träumen hocken,

Zweite Stimme:

wie in einem Erdbeerbeet,

Erste Stimme:

wie auf dem Klosett.

Dritte Szene.

Der Träumer:

Komisch, immer gegen Mittag werd ich müde.

Dich störts doch nicht, wenn ich ein wenig ruhe. Hier im Sessel.

Er macht es sich bequem, schließt die Augen.

Die Zeit ist gut. Für seltne Träume voll Silberglanz und Glockenläuten.

Während der Träumer einschläft, bleibt der Dichter am Tisch sitzen, stützt den Kopf in die Hände.

Der Dichter:

Ich kann nicht schreiben. Warum? Weshalb fiel mir dies erst heute auf?

Der Träumer *(unterbricht)*:
Du hattest niemals welchen!
Was nützte dir schon Wahrheit, die du verzweifelt schriebst. sagte jeder doch, der's las, wie ungeschminkt, wie nüchtern und banal, wie abgeschmackt es sei; und es fehle jede Phantasie.
Als du dann Märchen hast geschrieben, was sagten da die Leute, na?
Der Dichter:
Zu märchenhaft, zu übertrieben.
Der Träumer:
Da hast du es! Willst ewig du nach einem dritten Wege suchen?
Das führt zu nichts!
Sag lieber jetzt (lassen wir das dumme Thema fallen), sag, wie fandest du das wunderbare Blau des Baumes, unter dem die Männer lagen, welche um den Schlüssel dort gerauft?
Der Dichter:
Ich weiß nicht. Mir schienen alle Farben grau.
Der Träumer *(bestimmt)*:
So nahmst du sicher etwas Falsches ein, bevor du eingeschlafen bist. Na klar!
Eine Speise war's, die farbvernichtend wirkt, wo im Traume dann die Farben schwinden.
Der Dichter will etwas einwenden, der Träumer spricht rasch wieder auf ihn ein.
So sahst du auch nicht das grüngoldene Gewand des Gipfelmännleins, das da thronte hoch im Baum.
Ich weiß, du hast es wohl gesehen. Ganz grau?
Aber ich, ich sah die Farben. Und da ich die Farben sah, war schön der Traum.
Ich ärgre mich, daß du so wenig von ihm hattest.
Allein der Aufstieg war prachtvoll doch!

Wie, nachdem die zwei erwachten, den Schlüssel sie uns gaben. Bedenkenlos, du weißt. Was konnten andres sie denn tun, da wir ja mit sanften Worten ihren Streit geschlichtet
hatten.
Der Dichter *(verloren)*:
Sanften Worten?
Der Träumer:
Ihren Streit geschlichtet. Ja!
Wie dann der Baum sich öffnete und ließ uns ein, dank jenem Schlüssel.

Der Dichter:

Ich kann nicht schreiben.

Der Träumer *(winkt ab)*:

Auch wenn du schreiben würdest, glaub mir, keiner wollte davon wissen, niemand würde etwas lesen. Jeder hat mit

sich zu tun.

Lass das Schreiben, du vergeudest deine Kraft, wenn du dich zu Banalem zwingst.

Im Traum liegt Schönheit nur, liegt auch ein wenig Schrecken, denn ungewürzt (verzeih

den Reim) will mir kein Schnitzel schmecken!

Er lacht und klopft dem Dichter auf die Schulter.

Der Dichter:

Im Traume zähl ich täglich Zeilen, seh ganz deutlich Vers für Vers. Und Zaubersprüche

fallen mir ein. Sichtbar wird die Schrift. Eng beschriebne Seiten.

Trunken tanzt wieder sie vom Blatt, sobald ich erwach. Doch träum ich noch.

Ich will hinterher, in die Straßenbahn springen, mit drei Frauen sprechen, deren Busen die Silben verstecken.

Die Frauen fliehen, wunderlich kreischend, als ihnen meine Hände in den Ausschnitt greifen, dieser und jener, mir zu

holen mein Eigentum heraus.

Ich stelz durch die Stadt, höher greifend nach Worten, die in Regenrinnen zappeln.

Flink drehn auf dem Asphalt sich wie Triesel die Sätze, werden von Automobilen berollt und zerstreut. Bald atme ich

dann ihren Staub und gehe zu Boden betrübt.

Und das war wieder nur: ein Traum.

Der Träumer:

So soll's auch sein. Merkst du nicht, was der Traum, was dieser Traum dir sagen will?

Das sinnlos ist die Schreiberei, die Worte gleich zu Staub zerfall'n.

Sowieso kommt bald die Zeit, da sich die Worte wiederholen; nichts Neues fällt den Leuten ein. Sie plappern nach,

was andre längst geschrieben, sie machen Rätsel draus,

stell'n alte Sätze um.

Keine Zukunft hat das Wort, sofern es nicht im Traum gesprochen.

Drum sag: Was soll das Schreiben? Halt dich an Träumen fest!

Der Dichter blickt zu Boden, vom Träumer starr und zwingend angesehen.

Der Dichter:

Du hast wohl recht. Ich hatte nie Erfolg.

Erste Stimme:

Wir warten noch.

Schritte im Vorraum.

Zweite Stimme:

Hör dort die Schritte!

Erste Stimme:

Welch fester Gang.

Zweite Stimme:

Und ist doch ein Träumer nur, der zu ihm kommt seit zwei, drei Wochen, täglich fast.

Erste Stimme:

Wer hat den her geschickt? Warst du's?

Zweite Stimme:

Wir waren es beide.

Die Tür öffnet sich, der Träumer tritt ein.

Der Träumer:

Alter Freund, solange wir uns kennen,

Der Dichter:

Drei Wochen sind es.

Der Träumer:

Solang erzählen wir uns unsre Träume, die nächtlich tauchen aus dem Dunkel, uns trunken machen und beschwingt.

Zwar haben wir dieselben, doch ist dies lange noch kein Grund, daß wir sie einander nicht erzählen sollten.

Die Farbenpracht der Bilder, das bunte Wechselspiel.

Ach sag! Wär die Welt auch Melodie, der Traum wär Dirigent.

Er betrachtet erstaunt den Dichter.

Du bist traurig? Ja, weshalb?

Der Dichter:

Ich kann nicht schreiben.

Der Träumer:

Du **brauchst** es nicht zu tun. Sei froh darüber; so bist du erst wirklich frei.

Frei sein heißt: Um nichts weiter sich zu kümmern.

Zu mir schlichen nur jene zwitterhaften Geschöpfe, arglose Pläne genannt.

Alpträume schüttelten mich. Hell tauchte der Tag auf, in dem mich zu verlieren mir bestimmt war. Zeitweilig verlor ich mein Wesen, war unentschiedenen Geschmacks, pickte wie ein Huhn die Körner auf, sammelte auch Steine, die mir wohl bekamen..

Und ließ das alles sich im Magen türmen, ohne daß ich genau noch untersuchte, was da wohl ich hätt gegessen.

Mich fraß die Zeit. Ich schlief am Tage und ruhte nachts mich aus.

Mitunter hielt mein Kopf die Hände fest, die ihn umfassten, als wären es die Hände der Geliebten.

Er dreht sich um und geht umher.

Ich vergaß. Und bin deshalb vergessen.

Mich übertrumpft der Frühling, der im letzten Schnee sich zeigt.

Daß ich jemals schrieb, ich habe es vergessen, bin selbst im Traume unsichtbar.

Verdingt als Knecht der Hoffnung, empfang ich kargen Lohn: lauter Hoffnungslosigkeiten.

Ich bleib dabei: Wenn der Schnee zum dritten Male geht, bin noch immer ich von den Freunden verlassen.

Die Worte sind davon. Zu wem?

Wieder die Stimmen, ungehört vom Dichter.

Erste Stimme:

Da haben wir es, er

Zweite Stimme:

fühlt sich allein.

Erste Stimme:

Nur gut, daß er jetzt nicht schreiben kann.

Zweite Stimme:

Weil jedes Wort, der Einsamkeit entsprossen

Erste Stimme:

sich selbst nur würd beschau'n.

Zweite Stimme:

Sollen wir

Erste Stimme:

uns

Zweite Stimme:

ihm zurückgeben?

Zweite Stimme:

Todkrank.

Erste Stimme:

Nur die Fähigkeit, zu schreiben,

Zweite Stimme:

die nahmen wir ihm, überließen ihn dem

Erste Stimme:

Winter des Verzichts.

Zweite Stimme:

Stets jedoch waren wir in seinen Träumen die Worte der Vielfalt, des Wechsels und der Ruhe.

Erste Stimme:

Wir drangen auf geheime Weise ein

Zweite Stimme:

und ließen ihn sich wundern

Erste Stimme:

erstaunen

Zweite Stimme:

und verzweifeln gar.

Erste Stimme:

Wir wollen jetzt endlich sehen

Zweite Stimme:

wie es ihm geht.

Erste Stimme:

Sind doch ohne ihn wir Silben nur, die der Worte harr'n.

Zweite Szene.

Der Dichter, ein Dutzendmensch mit oder ohne Brille, steht am Fenster, hält die Arme verschränkt, blickt hinaus, kehrt eventuellen Zuschauern den Rücken zu.

Gerade noch erkennbar: die peitschenförmig gebogenen Zweige der Wildkirschbäume im Garten.

Der Dichter:

Als der Schnee zum dritten Male kam, verließen die Freunde mich, die Worte liefen davon.

Sollt ich nun wecken jene zwei Gesellen, daß sie verrieten, wie der Wind sie hätt getrieben, sollt das ich tun? Ich tat's sogleich.

Er ist wieder eingeschlafen, den Kopf zur Seite gedreht.

Stimmen, deutlich hörbar, aus Richtung Wohnzimmertür.

Erste Stimme:

Wir wollen

Zweite Stimme:

doch mal seh'n

Erste Stimme:

seh'n, wie

Zweite Stimme:

wie es ihm geht.

Erste Stimme:

Wir wollen doch mal sehen, wie es ihm geht.

Zweite Stimme:

Seit wir ihn verlassen haben

Erste Stimme:

weil er in uns stecken blieb

Zweite Stimme:

fühlen wir uns selbst allein.

Erste Stimme:

Jeder Mensch hat seine Worte. Mit denen lebt er, wenn er liebt, lebt mit ihnen, wenn er hasst.

Zweite Stimme:

Die Sprache ist nicht tot. Sie kann Bitteres erleiden.

Erste Stimme:

Und Bitterkeiten lächelnd überwölben.

Zweite Stimme:

Kann traurig stimmen.

Erste Stimme:

Fröhlich machen.

Frühling der Worte
(uraufgeführt: nie)

Erste Szene.
Es ist heller Vormittag. Der Dichter ist im Sessel eingeschlafen. Draußen von Zeit zu Zeit
klopfende Geräusche, Motorengebrumm. Flugzeuge.
Der Dichter schreckt hoch, greift ins Leere. Seine Augen öffnen sich. Er bleibt sitzen.
Vor ihm ein ovaler, schwerer Tisch, auf dem in blauer Vase knospende Zweige stehen.
Unbeschriebene Blätter liegen herum. Der Dichter nimmt einen Bleistift in die Rechte,
überlegt, wirft dann den Stift resignierend weg. Er presst die Hände an die Augen.
Der Dichter:
Mir war's, als hätte ich geträumt. An einem Bach kam ich vorbei, die Bäume schwankten sacht im Wind und neigten
sich dem Wasser zu.
In Wirbeln drehten Blätter sich, sie tanzten zum Boden und zum fahlen Bach hinab.
Er nimmt die Hände vom Gesicht.
Als wäre Herbst und ich ein Pilger, abgeklärt durch langes Leid, und wäre nun fröhlich,
der Natur gegeben, mich bei ihr vom Menschen auszuruh'n.
Ich blickte hin und sah die Dämmrung schreiten, der Tag verblasste still und dunkelblau.
Ich lag auf einer gelben Wiese eben, da störte mich ein Schrei: Bleib steh'n!
Zwei Männer liefen rasch vorbei, stürzten wohl über manchen grauen Stein, ein Fluch ertönte dann und wann. Sie
sah'n mich nicht, sie eilten jetzt um einen Baum herum, der schien gewaltig hoch zu sein. Ich hatte solchen vorher nie
geseh'n.
Die müden Renner (dem ersten hing die Zunge raus, der andre japste fürchterlich)
versanken im Morast, den sie selbst aus Laub getreten, sanken schließlich matt zu Boden.
Ich trat heran, sah beide friedlich schlafen, und hob erstaunt die Hand.
Im linken Arm hielt krampfend, der zunächst mir lag, was war's?
Seine Stimme wird leiser. Er kämpft nicht gegen die Müdigkeit an.
Ein Schlüssel, dran sich seltner Bart befand.
Ich hatte solchen vorher nie geseh'n.

Geschehen

Der Nebel, er verdichtet sich.
(Sicht: geringe.)
Später lichtet sich
die Welt und wird befreit,
und kommt die Zeit:
deutlich zu sehen
alle Blätterlinge.

Der Punkt c) ist, glaube ich, etwas absurd. Demnach müßten bei vielen Menschen diese Folgen auftreten, infolge eines unregelmäßigen, durch gesundheitliche und berufliche Komponenten hervorgerufenen Schlafes (also einer von Mal zu Mal unterschiedlichen Schlafdauer).

Zum einen gewöhnt sich der Mensch daran und zum anderen ist es eine natürliche Benommenheit, die das Erwachen nach einem längeren Schlaf, wobei nicht ein kürzerer vorausgegangen zu sein braucht, kennzeichnet.

Diese Benommenheit kann durchaus noch eine Zeitlang nach dem Aufstehen vorhanden sein, hat aber fast nichts mit meiner Beobachtung zu tun.

Gewiß, einen Teil trägt sie auch zu den Merkmalen, den aufbauenden Elementen der Erscheinung bei. Etwa das gemischte Gefühl einer seltsamen und manchmal hochgradigen Benommenheit.

Der 4. Punkt ist meiner Meinung nach der wichtigste.

Denn trifft er zu, bin auch ich von ihm gezeichnet.

Sollten die Gehirnzentren durch wiederholte „tiefgründige" Gedankenarbeit geschwächt sein, wird es für mich notwendig, mich nicht mehr so intensiv mit derlei Dingen zu beschäftigen, sie aufzuheben für später.

Die Schule, der außerschulische „Umtrieb" und dann noch dieses werden zu einem Ballast, der gehörig drücken kann.

Sowohl auf den Körper (das ist nicht so wichtig), als auch auf die Nervenzentren.

Versagen die Nervenzentren von Mal zu Mal mehr, gehen das aufgespeicherte Wissen, die abgespeicherten Vorschläge, Einfälle unabänderlich mit der Zeit verloren.

Ein Rezept, ein einziges, wäre, eben das Gehirn nicht mehr so anzustrengen, die Abnutzung zu senken.

Ich weiß nicht, ob es möglich ist, die Zentren des Gehirns zu entlasten, wobei das darin herrschende Gedankengut nicht beseitigt zu werden braucht, und es sorgfältig wieder neu zu belasten. Nur darin sehe ich eine Chance.

15.11.68. Zwar klingelte der Wecker heute wiederum nicht, doch stand ich schon um 3 Uhr 55 auf.
Ich möchte mich jetzt mit dem Problem etwas befassen und dabei so vorgehen, daß ich alle eventuellen Punkte, die ich gestern aufzeichnete, kritisiere und daß ich überlege, inwieweit sie richtig sind, welche Schlußfolgerungen sich daraus ergeben.
Also, dazu wäre zu sagen: Natürlich ist der Kontakt mit Menschen ein mitentscheidender Faktor auch für diese Erscheinung!
(Ist man zum Beispiel bei einer Versammlung anwesend, die sich über Stunden hinziehen kann und in deren Verlauf man nicht zu Wort kommt, angenommen, so wird diese Gefühlsart auch auftreten, nur nicht in derselben Stärke.
Man wird schwanken zwischen voller Sinnesschärfe und einer, durch diesen merkwürdigen Umstand hervorgerufenen, gefühlsmäßigen Empfindungslosigkeit und Gefühlskälte.
Im Saal sind die Menschen dicht bei einem, haben also fast intimen Kontakt, während auf der Straße ein ständiges Vorbeigleiten der Menschenmassen auftritt, nur für einen Augenblick oder gar nicht diese Verbindung vorhanden ist.
Hierin sind auch die Ursachen für starkes oder schwaches Ausbilden der Erscheinung zu suchen.)
Stellt diese Nebenerscheinung nun ein Mittelding zwischen periodischem und kontinuierlichem Auftreten dar und wodurch wird, wenn tatsächlich vorhanden, dieses hervorgerufen?
Ich muß bezweifeln, daß dies durch den Willen geschieht.
(Danach müßte es also möglich sein, die Erscheinung allmählich, aber stetig, „abzustellen". Dies sei nur in einer von der Stärke des Willens, der Art der Erscheinung und ihren Kennzeichen abhängigen Zeit möglich.)
Willensanstrengungen sind oft mit körperlichen Anstrengungen verbunden (schweren), stellen ein notwendiges Bindeglied dar.
Hierbei ist jedoch keine körperliche Anstrengung vorhanden.
(Wäre sie vorhanden, würde das Verhältnis wieder ausgeglichen sein, und es könnte zu einer Auflösung dieses Zustandes kommen.)

Tagebucheintrag (14./15.11.1968)

Ich drehte den Schalter wieder herum und schlief weiter.

Bis kurz vor 11 Uhr!

Um 11 war ich zum Essen bestellt, beeilte mich also. Ging durch die Stadt und machte eine Entdeckung, die ich nicht als neu empfand: Mir war, als ob nicht ich ging, sondern ein anderer.

Ich setzte mechanisch, ohne zu überlegen, die Füße.

Das gelang mir nur, weil ich wusste,**wie** man geht und in welche Richtung der Weg führt. Mein Gehirn schien anfangs sehr schlecht zu arbeiten. Doch dadurch, daß ich versuchte, stärker zu denken, über dieses Ereignis nachzudenken, was mir gelang, konnte ich dieses Gefühl, daß **ich** es war, der ging, wieder erlangen.

Als ich bei der Tante anlangte, war es wieder in vollem Maße vorhanden.

Man mag sagen, das kann vorkommen; aber trotzdem möchte ich fragen, wodurch es entsteht?

Das ist eine Frage, mit der zu beschäftigen es sich lohnt! Leicht ist es nicht, darauf eine Antwort zu geben.

(Es gäbe da verschiedene Möglichkeiten: a) Der Einfluß der Menschen, das heißt der Umgang mit ihnen, das Gespräch; b) Führt der Wille, es zu vergessen und abzutun, dazu, daß es verlorengeht, aber nur auf bestimmte oder unbestimmte Zeit? c) Ist der Gedankenreichtum nach einem Schlaf, der länger dauerte als an den vorangegangenen Tagen, vermindert und ruft solche „Gefühle" hervor? oder tritt d) dieser Fall auf infolge Abschwächung der Gehirnarbeit durch überhöhte Gedankentätigkeit – Abnutzung? –) Diese Punkte, vielleicht finden sich noch mehr, müßte ich überdenken, um auch hier die Ursachen aufzudecken.

Es ist nicht nötig und kann von Entscheidung sein, das ungeklärt zu lassen.

Prosa-Plan (auf einen Zettel notiert)

1. Gespräch über Gleichheit der Gedanken.

2. Gespräch (?) über unterschiedliche Lebenserwartung im Lauf der Geschichte. Eventueller Beweis: Veränderung des atmosphärischen Aufbaus.

3. Aufgabe eines Telegramms. Streit um die Schreibung eines Wortes (auseinander oder zusammen).

4. Thema: Beeinflussung der Gedanken, des Handelns durch Gedankenlesen, wenn möglich dann verbunden mit Kennwort „Bist du es?" (Eisengeländer durchbiegen)

5. Entgegen seinem Glauben: „Teufel auch! Es beißt keiner an", bei Spendenwerbung. Journalist schreibt über ähnliches anklagend, was er selber gemacht. (Wenn möglich zusammenfassen, dabei unterteilen.)

6. Am Tisch, gegenübersitzend. Für Außenstehenden und den jeweils anderen, den der Gegenüber verändert sieht, alles bleibt. (Sehen eventuell Vergiftung.)

 7. Über das, was auf der ersten Umschlagseite des „Schwarzen Buches" steht. (Nicht allumfassend.)

8. Moderne Adventures oder anderer Titel. (Wie ich zum Interhotel kam und was ich dort erlebte) (Datumsgrenze)

9. Theorie: Gefühle und Empfindungen entstanden durch Einbildung. Gegenüberstellung von Biostromsteuerung, Theorie und Versenkungslehre.

(1968)

Die Struktur

Ich mache aus diesem gefundenen Heft
ein gutes Geschäft.
Inwiefern?
Weil ich dichte gern.
Denn schaut,
wie die Struktur dieser Wörter ist aufgebaut!
Man kann auch sagen statt Struktur
ganz einfach Natur.
Das Ende jeder Zeile
ist, so auf die Eile,
gereimt verbunden
und soll sich nun als Paar bekunden.
Zwei bilden immer ein Paar,
aufeinander abgestimmt wie Haar auf Haar.
Doch es kann auch mal vorkommen,
daß viel Platz wird weggenommen.
Eine Zeile sei zu lang.
Das macht selbst den Anfänger nicht bang.
Man setzt den Rest vom Satz
an einen anderen Platz.
In der nächsten Zeile
ist es ruhig und ohne Eile.
Man spricht nicht mehr so schnell,
und das ist auch reell.

(1968)

Motto

An allen Tagen
ist das Leben
bunt gefärbt.

Auch
an diesem
eben.

Keine. Aber er hat mir vor Augen geführt, was es heißt, sich zu verstehen oder aneinander vorbei zu reden und nebenher zu leben. Das ist sein Verdienst.

Aber es ist nur eine Beschleunigung als Wirkung unserer Begegnungen. Weiter nichts.

Was später wird, interessiert mich jetzt auch nicht.

Ich kann mich doch nicht mit anderen befassen, bevor ich nicht mit meinem Problem zurande gekommen bin.

Das Gefühl für ihn wird durch alle Schwierigkeiten und Belastungen, die mich bedrücken, abgeschwächt. Also abwarten.

Später!

(1978)

Eine ehemalige Lehrerin von mir, nach Mutti meine beste Freundin im wahrsten Sinne des Wortes, sagte mir: "Mitleid und Mitgefühl sind schlechte Ratgeber!"
Das habe ich zu spüren bekommen. Man erkennt viele Zusammenhänge logisch und klar, und handelt doch nicht danach.

Dann schlief sie.
Ihre Stirn war glatt, zwei widerspenstige Löckchen (nur mit denen wäre sie zu zeichnen) kräuselten sich über den Augenbrauen, im Profil wirkte ihr Gesicht herb und vornehm.
Am nächsten Morgen, bevor sie ihren Sohn weckt, bevor sie ihn zum Kindergarten brachte, bevor sie quer durch die Stadt zur Arbeit ging, schrieb sie einen Nachsatz.
Ich lasse mich nicht wieder von der Labilität, der Ratlosigkeit meines Mannes erweichen.

Es ist für uns beide sinnlos. Wir zwingen uns zu einer Verbindung, die uns Qualen auferlegt, die uns beiden nichts mehr gibt.
Ich zittere vor Nervosität, wenn er zu Hause ist.
Mein Sohn braucht wie jedes Kind Liebe und Harmonie in der Familie.
Liebe kann ich ihm geben. Er besitzt ja auch all meine Liebe; aber ein harmonisches Familienleben spiele ich ihm nicht vor.
Ich kann nicht heucheln, mich nicht zu Handlungen zwingen, die meinen Gefühlen widersprechen.
Ich wünsche mir trotz aller bitteren Erfahrungen und Erlebnisse mit meinem Mann, daß er jetzt wenigstens fest bleibt und sich einen sinnvollen Arbeitsplatz erobert, der ihn interessiert und fesselt, ausfüllt und ihm etwas realere Ansichten gibt.
Ich wünsche mir aber auch, daß wir so ruhig und sachlich wie möglich auseinander gehen,
um unseres Kindes willen, um der vergangenen Jahre willen und um zu vermeiden, vor fremden Leuten schmutzige Wäsche zu waschen, sich schlecht zu machen und bloßzustellen.
Ich habe mir die ganzen Jahre so viele Gedanken um unser Zusammenleben gemacht.
Unsere Aussprachen allerdings waren immer nur einseitig; ich hatte gesprochen und er gab mir entweder Recht, oder er war beleidigt und ging einfach aus dem Zimmer.
Ergebnis: Null. Schluß damit! So kann ich nicht leben, und auch meinem Sohn will ich so ein Leben gar nicht erst bewußt werden lassen.
Ein uraltes Sprichwort sagt: "Was nun einmal geschehen, läßt ungeschehen sich nimmer machen. Aber für das, was kommt, sorge mit wachsamem Sinn."
Ich muß jetzt endlich mit allem fertig werden. Ich muß.
Und er, der andere? Spielt er dabei eine Rolle? Nein!

Ich kannte es noch nicht, dieses Gefühl, weder bei Freunden vor meiner Heirat noch bei meinem Mann. Habe mir aber eingebildet, ich liebe meinen Mann.

Darum war ich mir bei der Heirat auch so sicher, daß wir die Probleme, die unser Zusammenleben mit sich bringen würde, meistern.

Vergebliche Illusionen, vergebliche Mühe, vergebliche kostbare Zeit.

Nichts haben wir gemeistert.

Das tägliche Leben mußte ich allein meistern. Die Arbeit, den Haushalt, das Fernstudium.

Dann, nach zwei Ehejahren, das Kind.

Was hat mein Mann gemeistert, was hat er erreicht? Nichts?

Doch. Daß wir uns immer fremder wurden, uns enttäuscht voneinander zurückzogen, uns auseinander lebten.

Er wollte mich nicht erreichen, und ich wollte nicht stehen bleiben.

Unsere erste große Krise: Weihnachten, das Kind zwei Jahre.

"Entscheide dich, wir brauchen einen Mann und Familienvater, der selbständig handelt, der eine Weltanschauung hat, ein Ziel, einen richtigen Willen. Und nicht einen Menschen, der bequem und sorglos in den Tag hinein lebt."

Ein Jahr später. Nach Weihnachten. Die Scheidung wurde von mir eingereicht.

Mein Sohn sagt zu mir auf dem Weg vom Kindergarten nach Hause: "Mutti, wollen wir uns nicht einen neuen Vati suchen, einen, der nur mit uns Abendbrot isst, der nicht zankt und sich immer wäscht?"

Ich: Tränen, Zorn. Mein Kind bekommt ja schon mit, was los ist.

Höchste Zeit zur Trennung.

Mein Mann vor dem ersten Termin: Drohungen, Bitten, auch Tränen.

Die Stellungnahme: "Ich hänge sehr an meiner Familie." Er versprach alles.

Ich habe nachgegeben. Wieder ein verlorenes Jahr. Der Junge spürt noch mehr.

Als ich nach einem halben Jahr die Zwecklosigkeit meines Nachgebens merkte, auch, daß ich mir etwas vorgemacht hatte, war ich erstmal müde.

Mein Mann hatte inzwischen die Arbeitsstelle gewechselt und sich qualifiziert.

An unserem Verhältnis änderte sich nichts.

Er kennt nur Bedürfnisse und Rechte. Die Pflichten sind auf meiner Seite.

Verständnis und Interesse hat sich auch nicht entwickelt. Alles sinnlos.

Aber er wirkt immer wieder mitleiderregend, wenn er nicht weiterkommt, wenn er sieht, es wird schwierig für ihn.

Über mich selbst:

Da Petra mich unbedingt malen will, in grün, mit Katzenaugen und Katze, betrachte ich mich nun selbst oft genauer, ziehe Vergleiche mit meinem bisherigen Aussehen, bringe Fotos dazu und stelle fest: Ich habe mich selbstverständlich verändert.

Vor der Ehe hatte ich ein fröhliches, aber auch sanftes und unbeschwertes Aussehen,

während dieser wurde mein Gesicht zusehends ernster, oft mißmutig, schon resignierend, dann kühl, abschätzend. Aber das Wache blieb, glaube ich.

Nun, ein halbes Jahr nach der Scheidung, entdecke ich wieder mädchenhafte Züge, allerdings überwiegen Alter und Reife.

Eine bestimmte Ruhe, aber auch Aufgewecktheit und Heiterkeit. Nur das Ausgeglichene fehlt.

So wird man von den Geschehnissen, Erlebnissen und den Menschen, die uns umgeben, geformt.

Ein halbes Jahr zuvor, an einem kühlen Märzabend geschrieben:

Er ist fort. Leere. Überall.

Nein! Mein Kind ist da. Mein Sohn!

Aber die Lücke, die er läßt, wenn er fortgeht, schließt sich trotzdem nicht.

Ist er da, dann ist alles da, habe ich alles, fühle alles, denke an nichts anderes als an ihn.

Nur an ihn?

Nein, ich denke, oft bei seinen Zärtlichkeiten, an das, was hinter mir liegt, was vor mir liegt.

Was erwartet mich? Und mein Kind?

Denkt er auch an mich, denkt er auch an meinen Sohn, wenn er nicht hier ist?

Kennt er mich eigentlich, und meine Situation?

Macht er sich auch so viele Gedanken über das Morgen, über uns?

Was ist das, was ich für ihn empfinde? Ist es Liebe? Und was ist Liebe?

Ich kenne die Liebe meiner Mutter zu mir, und meine Liebe für mein Kind.

Mutterliebe.

Aber was ist noch Liebe? Eine tiefe Zuneigung zwischen beiden Geschlechtern, ein Ineinanderaufgehen, Sichachten, Einandernützen.

Miteinander, nicht nebeneinander leben.

Ist das Liebe, was ich für ihn empfinde? Dieses tiefe, intensive Gefühl, das mich seit Wochen gepackt hat?

Studie, abgebrochen

Musik gibt es, die man sich nie allein anhören sollte.

Mitunter Beethoven: schwermütig, mühsam drängend; da wird Alleinsein abgehandelt.

Wie tief treffen den Einsamen dann die Klänge, drücken ihn in den Sessel, aus dem er sich grad erheben wollte.

Die traurige Schönheit der Melodie, wie unendlich traurig macht sie den Hingekauerten.

Das Zimmer blickt stur mit tischenen Augen.

Leer und trocken wird es im Mund.

Gedanken kreisen dumpf.

Abgestandener Zigarettenrauch, schaler Rotwein.

Ein Stich in das Herz jedes Allegro.

Das fröhlich-entschlossene Finale: bedrückend.

Angst vor dem Weiterleben; und die nüchterne Einsicht zugleich: daß weitergelebt werden muß.

Getaumelt zum Plattenspieler.

Die Platte wird gewendet und wiederum gewendet und nochmals gewendet.

Bis der Schlaf die Ruhe bringt.

Blühende Bäume, grüne Gebilde des Sommers, braunsatte Ackererde, lichtes Geschimmer, freundlich über die Welt verteilt: so aber will sie das Leben wissen.

So war es: drei Jahre nach dem Umsturz geboren.

Aufgewachsen in alten Häusern der Kleinstadt.

Ihr Vater: groß und unbeherrscht.

Die Mutter: klein und zierlich.

Die Eltern trennten sich, der Mann ging über die Grenze.

Die Frau blieb in der Stadt, heiratete nach einigen Jahren neu.

Die Tochter, ein blasses, kränkelndes, aber aufgewecktes Mädchen, wirbt um Freundschaften.

Sie schreibt Tagebuch, vernichtet es später angesichts ihrer gescheiterten Ehe.

Auf einzelne Blätter nur noch notiert sie ihre Gedanken.

Ihr Sohn hat ihre ganze Liebe.

Problem

Adam und Eva,
diese beiden,
hatten keine Ahnung vom Ankleiden.
Drum liefen sie,
das klingt ein wenig dumm,
im Paradies ganz nackt herum.
Bis dann kam ein Schneider,
der machte ihnen Kleider.
Durch den Schneider
hatten sie viel Müh'n.
Denn sie mußten sich
vor dem (Hm, hm …)
erst auszieh'n.

(1968)

Oder schien das nur so?

Jedenfalls hatte er nichts Eiligeres zu tun, als sein Essen stehen und liegen zu lassen, sofort zu zahlen und zu verschwinden. Der Graumelierte indes hatte nicht mal einen Blick für den anderen übrig.

So mußte ich mich wohl getäuscht haben, als ich den ruckartigen Aufbruch des einen mit dem plötzlichen Erscheinen des anderen in direkte Verbindung brachte.

Inzwischen hatte der Wirt, also Paul, Licht gemacht.

Gedämpfte Strahlen projektierten die Schatten der Wirtshausgäste an die Wände, wo sie, entsprechend den Bewegungen der Originale, hin und her schwankten.

Der Mann mit dem akkuraten Scheitel zog eine Schachtel Kent aus der rechten Brusttasche seiner Jacke, welche er auch im Sitzen anbehielt.

Dann fingerte er in den anderen Taschen herum.

Vermutlich suchte er seine Streichhölzer. Das schien vergebliche Mühe zu sein, hatte er doch bereits alles gründlich erforscht. Ohne etwas zu finden.

So blieb ihm nichts weiter übrig, als sich an uns zu wenden.

Er fragte James: "Haben Sie vielleicht Streichhölzer?"

Da war er aber an den Falschen geraten. James nämlich rauchte überhaupt nicht, er war ein sparsamer Mensch, man konnte auch sagen: ein enthaltsamer.

Das sah man ja an der Orangeade, die er sich bestellt hatte und die ihm für den ganzen Abend zu reichen schien. In Kollegenkreisen nuschelte man, er spare für einen Chrysler.

Ich hatte ihn noch nicht gefragt, ob das wohl stimmen würde.

James antwortete dem Fragesteller: "Nein, die Kippen hier sind alle von Henry."

Womit er mich meinte.

Ich holte die Streichholzschachtel heraus und reichte sie dem mir noch namentlich Unbekannten. Dieser Fakt sollte sich aber ändern; gleich, nachdem die Kent angezündet war, stellte sich der Mann vor: "Brown. Inspektor Leslie Brown. Die Herren sind, wie ich sehe, Journalisten?"

"Ja", antwortete ich. James überließ mir bei solchen Gelegenheiten meistens das Wort.

So erledigte ich meine Aufgabe weiter, indem ich nun uns dem Inspektor vorstellte.

Brown schien viel Zeit zu haben. Er knüpfte ein Gespräch an, fragte uns ein wenig aus, wurde fast empört, als wir ihm unsere nicht gerade hohen Spesensätze nannten. Da wäre es bei ihm doch besser, sagte er.

(Anfang der Siebziger)

Beginn eines Krimis

Und so saßen wir dann (der Glockenschlag des Big Ben war trotz des gelblichen,
dichten Nebels erstaunlich klar herüber zu hören) unten in Piccadilly im "Cramer-Shop".
Wir hatten zwei Fensterplätze in Beschlag genommen, denn es wurde draußen schon langsam dunkel; aber der Wirt,
ein gemütlicher Dicker mit einer Warze am Kinn, hatte noch kein Licht gemacht.
Wir aber brauchten Helligkeit, um uns noch einige Fotografien und statistische Angaben und Listen genauer
anzusehen.
In der Gaststätte waren wenig Leute. In der einen Ecke, gleich bei der Theke, verzehrte jemand hastig sein Schnitzel.
Er sah, während er die Bissen fast unzerkaut hinunter schluckte, immer wieder auf seine Armbanduhr, ein Schweizer
Fabrikat.
Zwei Tische weiter saß ein Liebespaar. Das mußte es schon sein, denn die beiden sahen sich die ganze Zeit still an
und wurden, wie man sah, noch ganz verlegen dabei.
Ein schon leicht Angetrunkener, dessen Rülpsen nicht zu überhören war, vervollständigte das Gästebild.
Ja, und dann waren wir noch da. James nippte an seiner Orangeade.
Ich nahm einen Schluck vom Ale, das mir hier aber nicht so recht schmecken wollte; ich hatte schon besseres gehabt.
Eine Tür bewegte sich quietschend in den Angeln. Der neue Gast, ein mittelgroßer Mann
mit graumelierten Schläfen und exakt ausgerichtetem Scheitel, war eingetreten.
Seinen Hut, den er schon, als er herein kam, in der Hand gehalten hatte, warf er zum Garderobenständer hin. Diese
Geste zeigte mir, daß der neue Gast in Wirklichkeit ein ganz alter, ein Stammgast des "Cramer-Shop" war.
Bedächtigen Schrittes ging er zur Theke, begrüßte den Keeper: "Nabend, Paul!
Keine große Kundschaft heute, wie?"
Paul zuckte nur mit den Schultern, und der Graumelierte fuhr fort: "Na, dann gib mir mal das Übliche!"
Der Wirt holte eine Flasche Scotch hervor, angelte unter der Theke nach ein paar Eisstückchen, und schob dann das
Ganze, wozu sich noch ein Glas Porter gesellte, dem Stammgast zu.
Der begab sich, seine Getränke geschickt balancierend, zu dem Tisch, an dem wir vorhin gesessen hatten.
Dieser Herr konnte einen ziemlichen Eindruck machen, denn selbst James blickte eine Zeit lang von den Statistiken
auf. Aber am meisten wirkte er wohl auf den eiligen Herrn, den mit dem Schnitzel; jener erschrak förmlich, als der
Graumelierte herein kam.

Gespräch mit Herrn B. im Betrieb V.

"Die Welt ist schön! Das schreibe auf und spüre nicht
  Geschichten nach, die's Leben wahllos hält bereit.
  Der ebnen Fläche nah bleib' zu jeder Zeit,
  dem edlen Wort, verleih' mit ihm dem Vers Gewicht!"

Die Augen ruh'n, verborgen hinter dunkler Brille.
Ein Mund nur spricht zu mir: von Nebensächlichkeiten;
und sagt dabei, ich solle ihm dies nicht bestreiten.
Das fällt mir schwer: zu verharren in der Stille.

Der Schönheit (Tropfen Tau, herab geperlt von Blüten),
ich wende mich ihr zu, wenn ich in den Gedichten
von Schwierigkeiten schreibe, die im Leben sind.

Begreifbar uns, zerstör'n sie alte falsche Mythen.
Wem hinderlich sie scheinen, dem ist zu berichten:
Ins grelle Licht zu seh'n, auf Dauer macht das blind.

    (8. Mai 1976)

Ankunft

Regen fällt auf Erden.
Sonne scheint dazu.
Frühling will es werden.
Pack jetzt deine Schuh',

schmeiß sie in die Felder,
weit, mit starker Hand,
geh durch offne Wälder,
barfuß durch das Land.

Da sind wir sie eine ganze Zeit lang los."

"Geht auch nicht. Der Fond dafür ist ausgelastet.

Von den Meisterlehrgängen."

"Na, verdammt! Was schlägst du denn vor, Kollege Schmaltal?"

"Ich würde sagen, wir lassen den Dingen ihren Lauf.

Die gehen von allein kaputt, die beiden. Kannst du glauben.

Ist doch kaum ein Produktionsarbeiter, der die Schreibereien noch ernst nimmt. Ich hab meine Leute unter ihnen, die ziehen die Sache ins Lächerliche und stellen die beiden als regelrechte Spinner dar."

"Klasse Idee!"

"Nicht wahr? Und die Arbeiter, die das tatsächlich noch ernst nehmen,

trauen sich sowieso nicht, das laut zu sagen.

Übrigens, neulich habe ich einen der Schreiberlinge belauscht."

"Erzähle!"

"Er stand an seiner Werkbank und versuchte, mit einigen von seiner   Brigade ein Gespräch zu führen."

"Hat er es geschafft?"

"Mit Müh und Not. Er empfahl den Leuten, die *Unvollendete Geschichte* vom Volker Braun zu lesen. Du weißt, die im vorletzten *Sinn und Form* drin war."

"Na, ein Glück, daß die das nie lesen werden.

Die Folgen wären ja katastrophal!"

"Denk ich auch. Dann gab er noch ein Zitat von sich: *Die Philosophie verhält sich zum   Studium der wirklichen Welt wie die Onanie zur Geschlechtsliebe.*"

"Aha! Sozialistischer Reformismus!"

"Nein, Kollege Mackensen, das ist von Marx."

Ein paar Minuten später:

"Na, Erwin, wie war's? Was hast du denn da in der Hand?"

"Eine Schwimmweste."

"Nanu. Weißt du, warum?"

"Ich hab auf der letzten Versammlung gesagt, unsere Brigade wäre bei
  der Planerfüllung ganz schön ins Schwimmen geraten und könne sich kaum noch über Wasser
halten."

Gestern

"Bist ja ganz außer Puste, Mann!
  Weshalb rennst du so?"

"Habe gehört, soll neuer Zettel dran sein."

"Kommst zu spät!
  Eben waren die Kollegen Schmaltal und Mackensen hier, haben ihn abgenommen. Da hinten
gehen sie, scheinen ins Gespräch vertieft.
  Möchte mal wissen, was die jetzt reden."

"Diese Schmierfinken! Schon wieder so ein Zettel.
  Das geht zu weit. Wir müssen was unternehmen.
  Bestrafen, die Burschen, Kollege Schmaltal!   Am besten gleich ein strenger Verweis."

"Sollen wir uns lächerlich machen, Kollege Mackensen!"

"Oder wir schicken sie auf den Bau. Steine karren, Gräben schippen.   Damit werden wir ihnen
schon die Flausen austreiben!"

"Glaub ich nicht. Die werden dadurch höchstens noch aggressiver."

"Hm. Ich hab's! Delegieren wir sie auf irgendeine Fachschule.

Aber ich mußte zum Arzt.“

“Grippewelle?“

“Nein. Schwarze Lunge.

Der Arzt empfahl mir, mehr Sport zu treiben.

Waldläufe und so. Ich tat das auch.“

“Dann warst du wohl einer der Pioniere der Meilen-Bewegung, ohne es zu ahnen.“

“Möglich. Jedenfalls müssen mich welche von meiner Brigade beim Laufen

gesehen haben. Als ich nämlich wieder Geburtstag hatte, offerierte man mir ein Paar

Turnschuhe. Welche mit Spikes wären leider nicht im Sportwarenladen gewesen, sagte man

dabei.“

“Weiter! Wie war es im dritten Jahr?“

“Da wollte ich mir einen Vollbart stehen lassen.“

“Der war damals ja auch modern!“

“Ja. Auf fünf Zentimeter Länge hatte ich ihn schon gebracht.

Und weißt du, was mir geschenkt wurde?“

“Ein Lexikon?“

“Rasierzeug, Karl. Rasierzeug! Da war es natürlich um meinen Bart

geschehen. Und voriges Jahr, ich denk, ich seh nicht recht, gab's   dasselbe.“

“Was? Wieder Rasierzeug? Gibt's doch nicht! Hahaha!“

“Man hatte versehentlich die Geburtstagsliste des vorangegangenen Jahres ...“

“Hahaha!“

“ … zur Hand genommen, und da stand eben unter meinem Namen ...“

“Rasierzeug! Haha! Puh! Selten so gelacht!“

“So. Ich werd mal losgehen. Da vorn kommen meine Leute.“

“Ja. Haha! Tu das!“

Geburtstag

"Was, du heute im Betrieb, Erwin?
  Ich denk, du hast Geburtstag!"
"Klar, Karl! Aber ich muß doch mal sehen, was mir meine Brigade diesmal
  schenkt."
"Hast du denn auch immer deine Mark gezahlt?"
"Hab ich. Jeden Monat. Schon seit fünf Jahren."
"Und du kannst dir nicht denken, was du kriegst?"
"Ne, keine Ahnung. Ich kann dir ja mal erzählen, was ich in den anderen
  Jahren bekommen habe."
"Schieß los! Stört dich doch nicht, wenn ich dabei meine Stullen esse?"
"Ach was, die anderen machen ja auch schon Frühstück."
"Möchte wohl sein. Ist immerhin halb neun!"
"Gut. Pass auf. Im ersten Jahr, ich war noch nicht lange in dieser Brigade,
  überraschte man mich an meinem Geburtstag mit einer Pfeife."
"Triller- oder Tabakspfeife?"
"Tabakspfeife!
  Dazu gab es eine Schachtel Zigarren. Vorher hatte ich ab und zu nur mal
  gepriemt. Jetzt mußte ich mir auch noch das Rauchen angewöhnen."
"Wieso? Hättest die Sachen doch verschenken können."
"Wollte ich ja auch. Aber die Kollegen sahen mich böse an, als ich es
  damit bei ihnen probierte. Obwohl sie alle starke Raucher waren.
  Ich hab dann in der Folgezeit, als wir in den Arbeitspausen zusammen
  saßen und Karten kloppten, immer ein paar Zigarren geraucht.
  Bald sprach man dann nicht mehr von meiner Undankbarkeit.

Auf einem Nebenplatz in Leipzig."
"Warst du da?"
"Ja. Habe aber nur den Anfang gesehen, weil mein Zug nach Magdeburg
    auch bald fuhr. Ich hatte doch meiner Oma versprochen, sie an diesem
    Tag zu besuchen. Bei ihr war ich dann noch für ein paar Tage.
    Gestern fuhr ich nach Hause."
"Da tut sich ja allerhand jetzt.
    Mit den Puhdys ist es wohl auch bald soweit."
"Stimmt, Egon! Ein Kritiker (von uns!) schrieb, nachdem er auf einem
    Puhdys-Konzert war, es wäre eine einzige Horror-Show gewesen, wie
    sie nur im westlichen Ausland geschehen würde."
"Wollte ich doch eben sagen!
    Mir scheint, da bahnt sich eine neue Kulturumwälzung an, von
    höchster Stelle aus organisiert.
    Auch die Ostsee-Woche soll abgeschafft werden, hätte angeblich
    ihren Zweck erfüllt."
"Von wem hast du denn das?"
"Von Schmaltal, unserem Betriebs-Parteichef.
    Verdammt, schon wieder der Hufnagel!
    Vor dem ist man aber auch nie sicher.
    Ah, schönen guten Tag, Kollege Hufnagel!
    Ja, Franek, meiner Oma geht es schon wieder besser.
    Hat kein Fieber mehr."

"Ich sag euch, bei bester Laune waren die Renfts nicht.
  Wollte man doch den Gerulf Pannach, welcher der Haustexter der Band
  ist, von ihnen isolieren."
"Verstehe ich nicht!"
"Weißt du, Franek, um den Pannach dreht sich doch eigentlich das Ganze. Dessen Texte, klare
und kritische Aussagen (finde ich jedenfalls)
  stachen den Parteileuten immer mehr ins Auge.
  Das kam dann soweit, daß der im Sommer dieses Jahres sozusagen
  Schreibverbot erhielt.
  Man wollte rechtzeitig eine Biermann-Doublette verhindern."
"Biermann? Wer ist das nun schon wieder?"

"Das glaube ich, daß ihr den nicht kennt!
  Den hat man damals auch in der Versenkung verschwinden lassen.
  In den höchsten Kulturkreisen spricht man aber noch heute, und
  vielleicht mehr denn je, über ihn."
"Na gut. Erzähl weiter!"
"Ja, also. Die Renfts wollten sich nicht von ihm trennen.
  Und kamen auch mit ihm zur Aussprache. Oder wie man das bezeichnen
  soll. Der Einlassdienst war schon informiert, ließ Pannach nicht durch."
"Hm."
"Dann setzten sie drinnen der Gruppe auseinander, daß es so nicht
  weiter gehen könne. Und man müsse ihnen für eine Zeit die Lizenz
  entziehen. Fragte der Jentzsch, ob das hieße, daß sie nicht mehr in
  Leipzig spielen dürften."
"Und?"
"Man gestattete ihnen, am selben Tag noch ein kleines Konzert zu geben.

“Um dann zu klingeln und sich schnell zu entfernen.
   Ein Glück nur, daß der Kollege Hufnagel die Sache beobachtet und
   gleich gemeldet hat.“
“Sind die beiden wenigstens bestraft worden?“
“Ja! Man hat sie in die Küchenkommission reingenommen.“

Auf dem Weg zur Kantine, wiederum 14 Uhr

“Tag, Egon!“
“Grüß dich, Kalle! Na, schon aus dem Urlaub zurück?
   Wie war's denn in Leipzig?“
“Interessanter als zur Messe, kannst du glauben.
   Habe da Renft gesehen.“
“Ich denke, die sitzen!“
“Vor einer Woche noch nicht!
   Da gab es eine Untersuchung über Renft.
   Jentzschens Gruppe wurde vorgeladen. Parteibosse waren genug da.“
“Nicht so laut, Kalle! Da hinten kommt der Hufnagel.“
“Der die beiden Wandzeitungsleute angeschissen hat?“
“Genau, genau!
   Am besten, wir treffen uns in einer Viertelstunde bei Franek in der
   Schleiferei. Da kann man wenigstens sagen, was man will!
   Auf Franek ist Verlass.“
“Geht klar. Bis dann!“

Für die Betriebswandzeitung (1975)

Auf dem Weg zur Kantine, 14 Uhr

"Tag, Kollege Dauermampf!"
"Tag, Kollege Kleinbeiß!
  Möchte bloß wissen, weshalb ich schon wieder so einen Hunger habe.
  Das Mittagessen war doch reichlich. Und schmackhaft, sag ich dir.
  Meine Lieblingsspeise: Kohl. Zum Glück gibt's den hier jeden Tag.
  Und Bauchfleisch, wie ich es gern habe: zäh und schön trocken.
  Gutes Training für die Zähne!
  Der halbe Betrieb hat sich Nachschlag geholt.
  Du, sag mal, dich hab ich schon seit drei Wochen nicht mehr im
  Speisesaal gesehen. Wie kommt das denn?"
"Ich mußte mir den Bauch, den ich mir da angegessen habe, erst mal
  wieder abtrainieren. Hat mir meine Frau geraten, weißt du."
"Jaja, Kollege Kleinbeiß, sie wird schon wissen warum.
  Halt! Ist denn das für ein Zettel da an der Wandzeitung?
  Nehmen alle Anschuldigungen gegen das Küchenpersonal zurück.
  Mit Unterschrift und allem. Worum geht's da überhaupt?"
"Was, das weißt du nicht?
  Ist doch im Augenblick geläufiger Gesprächsstoff.
  Sind da doch zwei auf die Idee gekommen, die Meinungen einiger
  Kollegen zum Kantinenessen aufzuschreiben und den Zettel
  (handgeschrieben!) an die Küchentür zu heften."
"Hatten wohl keine Schreibmaschine zur Hand."

Während einige deutsche
Minderbemittelte
die ihnen überlassene
Bekleidung,
sofern sie nicht
passend, lediglich
wegwarfen.

(Dies aber fiel
nicht so sehr
ins Auge.)

Oktober 1993:

In der Kleiderstelle in W.
ist man dazu
übergegangen,
nur noch streng
nach Bezugsschein
und einmal pro Woche
alte Schuhe Spielzeug Hosen Hemden
zu vergeben.

Grund für diese Einschränkung wäre,
dass die Asylanten
die Sachen,
die sie in der Kleiderstelle in W. erhielten,
gleich
zwei Straßenecken weiter
billig verkauften.

Begradiger der Wirklichkeit. Ist das der Schreiber?

Oder ist das der Reporter, der wortgetreu alles wiedergibt?

Die Phantasie darf nicht, schreiben wir über Arbeiter, in Phantastik umschlagen, die Phantastik nicht als Realität proklamiert werden.

Arbeiter gibt es, Amateure, die nie geschrieben haben (der Begriff "Arbeiter" hier weit gefasst; sozusagen sind das alle "Nichtschriftsteller").

Amateure gibt es, die schreiben, die aber nie ihre Feder über die eigene Schulter halten, sich nicht schreiend bemerkbar machen; sie schreiben, um sich einer Last zu entledigen.

Oder die nicht schreiben (obwohl sie genug zu sagen hätten), weil sie vor der Vielfalt ihrer Erlebnisse kapitulieren; sie halten sich verschlossen, kommen nicht mal zum Tagebuch.

(Es wäre nicht ihre Aufgabe, so meinen sie, zu schreiben.)

Täglich werden sie überrannt von Neuigkeiten, zugleich verblasst das "Alte" in ihnen. Nur das Gefühl bleibt: etwas erlebt zu haben; das macht sie reich.

Lass sie "plaudern": sie werden denjenigen betroffen, eifersüchtig machen, dessen bisheriges Leben unkompliziert verlief, frei von Schwächen, Misserfolgen, bedrückenden Siegen.

Den betroffen machen, der meint, dieselbe Ursache müsse stets dieselbe Wirkung haben, den, der in allzu geradlinigem Denken verharrt ("vorwärts schreitet") und auch gar so schreibt.

  (aus den Siebzigern)

Maugham, beispielsweise. Dem Leser fallen gleich zehn andere Autoren ein.

Ein Buch kann nicht leben, wenn sein Autor nicht gelebt hat.

Das Spezialgebiet (welch abstrakter Begriff!) eines Schriftstellers, er wird es immer wieder gestalten können.

Sicher mag es auf Dauer den Leser ermüden. Stets dasselbe Thema!

(Deshalb soll ein Schreiber sich ja auch umtun. Jedoch gründlich.

Zwei, drei Wochen "Praktikum" sind entschieden zu wenig, bringen nur *ein*malige Reportage.)

Ihm ist nicht versagt, sein Thema genremäßig aufzufächern; er kann mit unterschiedlichen Mitteln darstellen. Erzählung, Roman, Gedicht, Drama, Lustspiel; er wird stets neue Möglichkeiten finden, "es" anzupacken.

Wie der Physiker die Protonen, Neutronen, Neutrinos usw. verschiedentlich bearbeitet; die Apparaturen wechseln (Spinthariskop, Wilson-Kammer, Zyklotron, Betatron), doch der Endzweck bleibt: die Erforschung physikalischer Effekte und Erscheinungen.

Das menschliche Leben. Aus der unüberschaubaren Vielfalt einen Ausschnitt bringen, frei von Anhängseln unlebendigen Inhalts: Aufgabe des Schriftstellers.

Er muss aber das Leben jener, die er beschreibt, miterlebt haben, sollen die Worte nicht hohl und herzlos sein.

Wer könnte besser über die Arbeit schreiben, als ein Arbeiter?

Wer kann es am schlechtesten: der Arbeiter.

Oder?

Wir vertrauen den Arbeitern, wir lauschen ihren Berichten.

Uns ist es gegeben (wir sind Schreiber), ihre Ehrlichkeit zu würdigen.

Sie zu entstellen, zu verzerren; weil nicht alles, was da gesagt wird, genehm erscheint. (Wen? Den Arbeitern? Nein!)

Amateure. Ein Fragment

Schriftsteller, deren Beruf es ist zu schreiben, wollen sich in jedem Genre bestätigen und zugleich über alles schreiben.
Dabei erleiden sie Niederlagen. Denn nicht immer erscheint glaubhaft, worüber sie schreiben. Worüber!
Der Trugschluss, daß mit der Technik auch der Inhalt kommt.
Kluge Schriftsteller distanzieren sich stets von ihren Erstlingswerken,
die ohne Erfahrungswert geschrieben wurden. Eine Schelle erklang, eine Trommel wurde gerührt, doch das Instrumentarium des Lebens blieb unauffindbar, weil es sich dem Zugriff des jungen Schreibers noch entzog
oder weil er meinte, man müsse um schreiben zu können eben nur schreiben.
Dieses dumme Wort: Lebenserfahrung. Arbeit und Beruf.
Sprechen mit Menschen.
Jeder hat seinen Horizont. Wenn er ihn überschreitet, macht er sich meist lächerlich. Passiert ihm das nicht, liegt es an des Lesers Dummheit, klar.
Ein Lehrer, der jahrzehntelang nur in der Stadt gelebt hat und plötzlich, weil es der Zufall so ergab, mit einem Bauern über arteigene Probleme der Landwirtschaft debattiert, sich gar noch ereifert (er müsse es doch besser wissen als der Bauer!), wirkt erst lustig, dann befremdend.
Er hat diesen Bereich des Lebens (das Land) nicht beschritten.
Gut, mag er darüber reden! Doch wehe ihm, er schreibt.
Maugham, der viel herum gekommen ist und Menschen unterschiedlichster Prägung kennengelernt hat, wird akzeptiert; er hat erlebt, was er beschreibt. Den Zusatz von Phantasie nehmen wir bei ihm gern in Kauf, da die Basis dieser Phantasie Realität ist.
Ein Leben, aufreibend und abenteuerlich, spiegelt sich wider in fesselnden Worten. Zu Papier gebracht, bleibt es doch nicht starr.

Anmerkung, undatiert

Immer wieder, dem menschlichen
Atem gleich, setzt sich der Rhythmus
durch. Ich betrachte deshalb die Versuche
jetziger Musiker, sich modern zu geben,
mitleidig. Mitunter sogar sehe ich
Bücher so an, wage nicht, sie auf
zu schlagen: ich fürchte, darin bewegliche
Typen zu entdecken, seltsam mit
einander verkeilt. Nichts, was den
Leser bewegte. Es bliebe nur:
Atemstillstand.

Sie hatte schwarze Haare, blaue Augen, wie er auch.

Ich werde sie retten! dachte er.

Er zog die Mund zu Mund-Beatmung vor, da sie ihm die aussichts- reichste Methode schien, sie wieder zum Leben zu erwecken.

Und es gelang!

Doch er hatte die wenige Luft, die ihm geblieben war, an sie verschenkt, damit sie leben sollte.

Er starb.

Vor ihrem noch getrübten Auge bildeten sich allmählich die Gegenstände heraus.

Dann sah sie ihn. In seinem Gesicht war die Gewissheit, daß er nicht umsonst gestorben war, daß er für etwas Gutes den Tod erleiden musste.

Sie wusste nicht, wer ihr das Leben wiedergebracht hatte.

Sie ahnte auch nicht, wie er hierher gekommen war.

Eine neue Wolke dieses Giftstoffes, oder was es sein mochte, kam auf das Dorf zu.

Nach zehn, zwanzig Minuten war sie tot.

(1966)

Eine Geschichte

Er überlebte durch Zufall.

Als er vom Aussichtsturm kam (er war der einzige, der den Turm zu diesem Zeitpunkt besichtigte),
bemerkte er eine seltsame Stille in der ganzen Stadt. Keine Autos fuhren.

Wo waren die Leute?

Überall lagen leblose Kleiderbündel: Menschen.

Er betrachtete sie genauer. Sie waren wahrscheinlich tot.

Was konnte er anderes annehmen?

Er wurde immer schwächer. Ein Beigemisch war in der Luft, das spürte er.

War das Gas?

Er dachte an das Mädchen, für das er alles gegeben hätte.

Sogar sein Leben.

Er wollte sie noch einmal sehen.

Neben der Stadt befand sich ein Fluß. Und am anderen Ufer war das Dorf, in dem sie wohnte.

Er mußte also über die Brücke. Doch diese war hochgezogen.

Er konnte nicht hinüber, so musste er den letzten Weg versuchen, der ihm geblieben war.

Er schwamm durch den Fluß. Sein Körper wurde immer schwerer.

Die Luft wurde auch knapp.

Mit Mühe erreichte er das andere Ufer. Er schleppte sich vorwärts.

Dann war er vor ihrem Haus und stieg die Treppen hinauf.

Denn sie wohnte im Dachgeschoß.

Er stieß die Zimmertür auf. Sie saß auf einem Stuhl.

Vielleicht ist sie noch nicht tot? dachte er, sie ist nur ohnmächtig.

Ihr Kopf war herabgesunken. Er hob ihn an und sah in ihr zartes Gesicht.

Notiz

Wenn Borges streng behauptet,
Platons Jünger wären längst
schon ausgestorben,
so entgegne ich: Ein jeder
der heut lebenden Dichter,
ein Platoniker ist der und sucht
in dem, was er da schreibt,
den allgemeingültigen Menschen,
der eingefügt der Welt (und stellt
dabei allgemein sich dar).
Na ja, manch Volk besteht wohl
nur aus Dichtern;
die nähern unaufhörlich
sich dem Bild des Menschen,
das nicht greifbar ist.
Oder sie bleiben auf der Suche
nach des Dichters
Archetyp.

(1988)

Na und?

Man sieht die Leute: schnöden Alk sie kaufen,
um späterhin ihn (schluckeschluck!) zu trinken,
bevor sie dann verdutzt zu Boden sinken,
beziehungsweise miteinander raufen.

Doch andre, die durch Straßen eifrig laufen
(währenddessen Erstre fangen an zu stinken),
sie lächeln nur und, immer wieder, winken,
sie springen fröhlich über Blätterhaufen.

Wie seltsam: ohne Alkoholes Schauer,
da gehen, drehen Runde sie um Runde.
Betrachtet man sie aber dann genauer,
so ist auch deren Glück gering von Dauer.
Und jenen/diesen schlägt mal ihre Stunde.

Und allen wird die Milch sehr oft noch sauer.

(1993)

Eastern song

Time waits, time waits
for no one.
And I 'll go for
(go for, go for),
go for it.
Yes!
It 's but
(yes: but)
no change for us,
no change, oh no,
no change
for us.
And I 'm a zero-hero
(yeah!),
a zero-hero,
a zero-hero ev 'rywhere
and here.
I 'm a east
(east! east!),
a east german.
Yes, I am.
And now:
please, no reply.
Please, no reply.
Please, no!
Please, no!
Please no replay.

(1990)

Definition

Im Traum
taumelt
Raum.

Im Leben
eben-
falls.

Wissenschaftler!

Entwickelt endlich
die Methode,
Träume abzulichten.

Ich warte schon sehr lang darauf.

Sind doch dort,
die ich vergesse,
die besseren Gedichte.

Wissenschaftler!
Entwickelt endlich
die Methode,
Träume wahrzumachen.

Ich warte schon sehr lang darauf.

Schafft ihr 's nicht
vorm ersten Flug zum Mars
(bemannt),
bin ich genötigt,
selbst zu handeln.

Der Lyrik wegen,
und aus Altersgründen
immerhin.

So beißen wir ins Gene-Gras,
sterben lieber grün garniert
(Karma-Trift trotz Pharma-Gift),
tanzend mit den Pflanzen,
gehen wir der Welt
vom Acker.

Wandel findet wieder statt.
Die Tiere atmen auf,
sie brauchen brauchen brauchen
keinen Wechselstab.

(2001)

Schwund

Blinder Schinder,
treibe du die Ladenhüter
auf die Laderampe.

In Stücke hauen,
verdauen:
später.

Schlote rauchen, teilen grauen
Dunst der Landschaft mit.
Wir kauen noch
und kauern dann,
bis gewechselt wird
zu Haferflocken; Trockenfrüchte auch
füllen Menschenmägen,
dass Prionen
anderswo nur wohnen,
niemals thronen
im Raume oberhalb
von unserem Gebiss:
im Hirn.

Momentaufnahme

Friedenstauben zappeln.
In den Lüften schweben,
entlang an Kirchentürmen,
windwärts weggeblasen,
Ballonbotschaften und
zerplatzen, trudeln hinab.

Wütende Wahrnehmung:
der Mensch bleibt
ein aus
der Art
geschlagnes Tier.

Zwischen den Kriegen,
im Zwischenfrieden,
in den Kriegen,
im Frieden davor,
in Kriegen danach.

Versehentlich wird von Demokratie geredet.
Hier.

Gewalt

ist halt
das letzte Mittel:
der Krieg,
geschmiegt
in Friedenskittel.

Die Uhr
wird nur
von Zeit gestaltet,
das Licht
wird nicht
von Nacht verwaltet.

Gewalt
ist halt
das erste Mittel,
der Krieg
besiegt
die Friedensbüttel.

Lehre?

Die Bildung bleibt
bei der Ausbildung
außen vor;
flache Schirme
tilgen Bilder
billig,
die sonst entstehen könnten
(von Innen heraus)
zuhaus.

Wilder Wuchs.

Keiner schreibt,
keiner liest,
keiner rechnet
(wir zählen auf euch!)
sich was aus.

Vor deinem Vers

Vor deinem Vers
verneigt sich hier
der dies schreibt
und schweigt
für den Moment.

Er richtet
sich auf an dir,
schreibt erneut
und neu
gewichtet.

Schüttelreime

Mahlzeit!

Bevor ich jetzt mein Futter misch,
bringt mir noch schnell die Mutter Fisch;
wenn ich davon ein Pfund verschlinge,
wär 's schön, wenn nichts im Schlund verfinge.

Absage

Wenn ich mich deinem Mund erwehr,
ist das durchaus kein Wunder mehr;
ich wäre deiner Lippen Kader,
doch nur, wenn sie nicht Kippenlader!

Manöver

Wo sich die müden Funker ballen,
sieht man sie bald in Bunker fallen;
und wenn sie abends draus erkrauchen,
sieht man sie Schwarzen Krauser rauchen.

Landleben

Es machten eine Kette Mühe
dem alten Bauern Mette: Kühe.
Drum stieg er um, er züchtet Fliegen.
Wer massenhaft nun flüchtet? Ziegen!

Weg

NICHTung
LICHTung
SICHTung
WICHTung
RICHTung

Dichtung!

Selbst Bewusst Sein

Immer die Dinge ein wenig eher benennen,
immer ihren Sinn früher erkennen
als andre:
Das macht mich an,
das macht mich aus.

Ich habe "immer" verzweifelt gedacht (weil, was ich schrieb,
nie oder "verspätet" gedruckt erschien), ich hinkte andren Dichtern hinterher;
jedenfalls war die Befürchtung da, "man"
könnte meinen, ich hätte plagiiert; dabei hatten jene andren
erst nach mir (Monate, Jahre später), was ich dachte, gedacht und geschrieben, nur
eben mit dem unverschämten Glück, schneller gedruckt zu werden; das drückte mich
ständig zurück, und es ist (heute) eine schwache Genugtuung, dass ich
fortwährend beobachten kann, wie mir nachgehinkt wird.

Das macht mich aus,
das macht mich an:
Vor andren
immer den Sinn früher erkennen,
immer die Dinge ein wenig eher benennen.

Objekt, bewacht

Ins Halbdunkel gespannt
der Aufmerksamkeit,
wo stachliger Draht
die Weite beleidigt
und Hundehalsbänder
Kontakte ketten
am sandenen Rand
des Waldes:
Die Tiere
rennen
rundum
stur
ihre
Spur.

Aprilscherz

Heute,
wie deutlich
hier zu sehen,
schreibe ich mal
kein
Gedicht.

Ich tat,
genau
genommen,
die andren Tage
was andres
nicht.

Und es hatte,
was
ich schrieb,
ohnehin
wenig nur
Gewicht.

Undsoweiter

Ich liefre mich dir aus, bin ganz in deiner Hand.
Ich acht auf deine Worte, höre zu und schweig.
Du deutest alle Rätsel mit nem Fingerzeig.
Wo andre bald versinken, dir bleibt festes Land.

Ich weigre mich entschieden, so wie du zu sein!
Ich löse mich von dir, geh selber auf die Fahrt
und gebe nichts auf deine smarte Über-Art.
Ab heute bleibst mit deinen Worten du allein.

Man liefert sich mir aus, man frisst aus meiner Hand.
Man achtet meine Worte, hört mir zu und schweigt.
Ich deute alle Rätsel. Und mein Finger zeigt.
Wo andre bald versinken, mir bleibt festes Land.

Man weigert sich entschieden, so wie ich zu sein!
Man löst sich ab von mir, geht selber auf die Fahrt
und gibt nichts mehr auf meine smarte Über-Art.
Ab morgen bleib mit meinen Worten ich allein.

Kontrast

Früher
hieß es, wenn
wer nicht höflich
folgte höfisch angeratnem
Wunsch: ***Man schlag ihm ab
den Kopf!***

Das
ist heut nicht
nötig mehr, es reicht
in jedem Fall, den Hut
nur abzuschlagen. Nämlich drunter
ist ja nichts.

Rückzug

Ich bin der Ball.
Gib mir nen Tritt!
In diesem Fall,
da roll ich mit.

Ich bin das Boot.
Gib mir nen Stoß!
Ich bin nicht tot,
verstell mich bloß.

Du aber lauf!
Und rudre fort!
Ich höre auf.
Mit diesem Wort.

Schlagertext 2

Mädchen, ich könnt dir viele Seiten schreiben
in allen Sprachen, die ich kann.
Ich kann nicht viele, und übrig bleiben
Worte, die ich für dich ersann.

Mädchen, ich könnt dir viele Worte sagen
in allen Sprachen, die ich kann.
Ich kann nicht viele. Und ich muß wagen.
Heute, heut noch sprech ich dich an.

Mädchen, ich könnt dir so vieles geben,
wovon ich weiß, du gibst es mir.
Das kann ich, und mein ganzes Leben
liebe, lieb ich den Weg zu dir.

(1970)

Schlagertext 1

Ich lauf den ganzen Tag an ihrer Tür vorbei.
Für mich ist diese Tür nicht mehr neu.
Die Tür, ja, die Tür, die kenne ich.
Das Mädchen da drinnen, das kenne ich
nicht näher.

Seh ich sie in der Stadt, ich seh ihr an,
daß auch für sie eine Liebe begann.
Weshalb sieht sie sonst zu meinem Fenster hin,
ihr Haar umspielt vom Abendwind,
vom Abendwind.

Mir scheint, sie ist für mich bestimmt.
Heute abend Hoffnung stark erglimmt.
Über die Straße ruf ich ihr es zu,
leise, doch sie hört mein Du,
mein Du.

Nicht leise mehr, ich rufe es voll Übermut.
Ich bin bei ihr, und das ist gut.
Die Tür, ja, die Tür, die kenne ich.
Das Mädchen da drinnen, das kenne ich
noch besser.

Anrede

Na, sag mal, kannst du nicht
ein bisschen freundlich sein?
Verziehst ja das Gesicht!
Was ärgert dich so ungemein?

Ich darf doch, du erlaubst,
erraten, was dich stört?
Woran du nicht mehr glaubst?
Dass dir die Zukunft angehört.

Ja, Angst beschleicht dein Herz.
Vollkommen bist du nicht.
Verrenkst nur deinen Sterz
nach jedem noch so kleinen Licht.

Du lebst und wirst zuletzt
dein eigner Schatten sein.
Dann wird auch der zerfetzt.

Und ich bin wieder ganz allein.

(1984)

Abhandlung über den Urvogel

Früher, als alle Uhren standen – weil der Mensch noch zu faul war, sie zu bewegen – saß der lateinische Archaeopteryx auf dem Baum und spielte mit seinen Federn: morgens, als die Sammler zur Beerenjagd gingen und abends, als die Jäger Bären suchten.

Und schon der Neandertaler sagte zu seiner Frau, wenn sie etwas falsch machte: „Du hast ja einen Urvogel!"

Hierin drückt sich bereits die Anerkennung, die man dem Urvogel damals erwies, aus. Sie stieg noch, als man später sterbliche Überreste dieser Tiere fand und dabei feststellte, daß der Archaeopteryx viel mit dem Sport zu tun hatte – was nicht nur das Segelfliegen anging, sondern auch die Zähne, die er zum Kegeln verwenden konnte.

Man kann ihn keineswegs als geizig einschätzen, was seine Extremitäten betraf: derer hatte er sechs. Also eine gute Standfestigkeit.
Jedoch nicht zu vergleichen mit unseren Alkanolvertilgern!

Schließlich muß er sehr stark gewesen sein, denn er hatte „volle Knochen". Mancher Jugendliche beneidet ihn noch heute darum.

Übrigens ist die Tatsache, daß er ein schlechter Flieger war, keine Anspielung auf die INTERFLUG!

(1969)

Wer?

Ich sitze hier, ich schüttle meinen Kopf (wovon
die Schrift nicht grade besser wird) und bin
erstaunt: Wer schickt mir solchen Traum?
Heute früh, nach erster Schicht, schlief ich (gewiss:
zuhause erst!) etwa Punkt sieben ein; anfangs
war es ganz normal: Ich lief mit Leuten,
zerpflügte Menschenmassen, tagelang
(so schien es) hetzte ich umher, sah plötzlich
mein Zimmer, jenen kalten Raum; du
ordnetest Broschüren und hast behutsam
auch Bücher aufgestapelt (die vordem
verquer gelegen); nach den Gardinen
sah ich nicht. Ich fragte dich: "Bist du
nur deshalb hergekommen?"

Ich greife
ins Nichts, der Traum zerspellt, es ist
ungefähr dreiviertel acht;
ich schlafe
nicht wieder ein.

Aus einem Hausaufsatz

(nachdem unsere Klasse die LPG "Pionier des Sozialismus" besucht hatte)

... Die Trächtigkeitsdauer beträgt für werdende Muttersauen 3 Monate, 3 Wochen
und 3 Tage.
Diese Zeit kann sich um 3 Tage nach dem positiven und negativen verschieben.
Das günstigste und durchschnittliche Gewicht der Jungsauen beim Decken beträgt 170 Kilogramm.
Abgesetzte Sauen rauschen. Tritt diese Erscheinung auf, so wird 2 – 3mal am Tage, vormittags und nachmittags,
gedeckt.
 Erfolgt nach 3 – 6 Wochen ein Umrauschen der Sau, so ist diese nicht gedeckt.
Ein Zeitverlust ist unabwendbar.
Hochtragende Sauen rauschen 9 – 10 Wochen nach dem Decken um.
Eine Woche vor dem voraussichtlichen Ferkeln werden die Sauen in einen anderen Stall gebracht.
Es werden Veredelte Deutsche Landschweine und Deutsche Edelschweine gezüchtet.
Das VDL-Schwein, es besitzt im Gegensatz zum DE-Schwein hängende Ohren, wird zur Läufer-Produktion benötigt.
Das Deutsche Edelschwein zur Zucht.
Es werden nur reinrassige Zuchtschweine verwendet.
Eine Kreuzung zwischen diesen beiden Gattungen ergibt einen Wurf von vielen Ferkeln, die sich besonders durch ihre
Widerstandsfähigkeit auszeichnen.
Die Sau bekommt nach dem Ferkeln am Tag viel Grünfutter, also Saftfutter, und 2 Kilo Kraftfutter.
Die Ferkel bekommen ab der 1. Lebenswoche gepr. Zusatzfutter, ab der 4. Woche Ferkelaufzuchtfutter.
 Insgesamt verbleiben die schon kräftigen Ferkel 2 – 2,5 Monate im selben Stall, in dem sich auch die Muttersau
befindet.
Danach werden sie abgesetzt und nummeriert, wobei die 1. Nummer, die in das Ohr gestochen wird, die
Betriebsnummer ist.
Die 2. ist die Nummer der Muttersau.
Während ihrer Ferkelaufzucht gibt die Sau 10 Liter Milch am Tag ab.
Die günstigste Dauer der Umtriebszeit beträgt 2 Jahre.
In dieser Zeit sind 3 – 6 Würfe zu erwarten.
Nach Ablauf der Umtriebszeit erfolgt ...

   (1967)

Fahnenspruch

Die Losung lautet:

Fortschritt
oder
Fortbestand.

Bilder

Mittags,
wenn die Sonne
mein Zimmer trifft,
verblassen lassen
und auf dem Tisch
dein Lächeln trinken will,
drehe ich die Bilder um;
sie soll sie mir nicht bleichen.

Wenn ich
(die Sonne ging)
die Bilder wieder wende,
nachmittags,
ist ein Stück entfernter,
weiter weg von hier,
dein Lächeln.

Sie berichten in fremden Sätzen
das eigene Schicksal.
Sie können damit verletzen,
und solch Traum wird zur Qual.

(Bilder des Gestern, im Heute verborgen,
sie werden morgen
vergangen sein,
vergessen, zeitlos sein.)

Doch sie, Ausgeburten einer traurigen Zeit,
sind zum Handeln bereit,
ergreifen das Wort
und sprechen.
Ihr Unheil rächen,
treibt sie fort.

(1969)

Sie

Hinter den Stirnen
und in den Gehirnen
vieler in dieser Zeit
hält sich etwas bereit.

Träume, die sich hier wiederfinden,
die eng sich aneinander binden,
von sich selbst zu künden.
Sie vernichten,
hieße Geschehenes verhindern,
hieße Abgeurteilte richten
und tote Wunden lindern.

Aus den Träumen entstehen,
anderes wird dafür vergehen,
der Vergangenheit Gestalten.
Sie sagen, was sie von sich halten.

Tagebucheintrag (2.6.1967)

Ich las kürzlich Iwan Jefremows 440seitiges „Mädchen aus dem All", in 4 Tagen.

Außer einigen angenommenen gewagten Behauptungen (Pluto gehört nicht zum Sonnensystem, eingefangen u.a.) ist es ein Buch zum Rechnen.

Mit Parseks und Lichtjahren.

Ich errechnete folgendes:

1. Spiralnebel NGK 4594 (gewählte Bezeichnung des Autors) im Sternbild der Jungfrau ist 3 Trilliarden 700 Trillionen 5 Tausend Kilometer vom Sonnensystem, dem die Erde angehört, entfernt.

2. Der Andromedanebel erreicht einen Durchmesser von ungefähr 12 Trillionen 450 Billionen 14,5 Tausend Kilometer.

3. Spiralnebel NGK 4565 (gewählte Bezeichnung des Autors) im Sternbild Haar der Berenike ist 2 Trilliarden 590 Trillionen 35 Tausend Kilometer vom Erde-Sonne-System entfernt.

Jefremow schreibt, daß für eine interstellare Sendung die ganze Erdenergie benötigt würde.

Dies regte mich zu einer aufrüttelnden Rede an:

„Wir kommen nunmehr zur systematischen Erforschung des Weltalls.

Wir bauten bisher Raumschiffe interstellaren Typs, mit denen wir bis zu einem der nächsten Sonnensysteme, der Wega, fliegen konnten.

Jetzt bauen wir Typen, die in einigen Sekunden mehrere tausende Lichtjahre zurücklegen. Dies sind aber keine üblichen Raumschiffe, sondern es ist ein Energiestrahl, der den Menschen in das Weltall schleudert, wobei ihm nichts passiert.

Zur Verwirklichung dieses Vorhabens benötigen wir die gesamte Energie des Erdballs. Und nicht nur die! Auch die Energie der Planeten Pluto, hier besonders für den Rücktrieb, Merkur, Saturn, Jupiter, Mars, Neptun, Venus, Uranus brauchen wir. Das wird nur knapp für eine Reise ausreichen. Wir werden deshalb die Sonne kalt legen, ihre Energie für 3 weitere Flüge nutzen und uns künstliche Sonnen beschaffen oder in ein anderes Sonnensystem übersiedeln!"

Selbst

Selbst bei Regenwetter behalte ich
meinen trockenen Humor.

Ein lustiger Mensch:
Selbst beim Essen hörte er nicht auf, zu pfeifen.

Ungelogen:
Ich bin dem wachen Betrachten stets gewogen,
selbst wenn ich träume.

Wenig Beachtung:
Selbst sein Ableben wurde totgeschwiegen.

Zwischenbericht:
Selbst die Welt zerbricht
noch nicht.

Ende:
Selbst die Zeiger deiner Uhr
halten diese Zeit nicht länger aus.
Sie bleiben ängstlich stehn.

Begriffe

Lesen

ist

Leben.

Schreiben

ist

Geben.

Auch die Liebe war nicht zu bezwingen,
ihr gelang stetig der Erfolg.
Sie mochte immer fort nur klingen,
Grundstein für ein sich liebendes Volk!

Leider, ich erwachte
und erkannte: Traum.
Nein, ich lachte
nicht über diesen Traum.

Und hab mir vorgenommen,
den Monat zu erringen.
(Ist es soweit gekommen,
wird Freude er der Menschheit bringen!)

Ich weiß: nicht ich allein
kann gewinnen dieses Werk.
Erst ein menschlicher Verein
wird vollbringen solch ein Werk.

(1969)

Der Monat 13

Voll froher Sommerfarben,
herbstlich aber gestimmt.
Rauschender Weizen in Garben.
Und Schnee, der jenen Sommer entnimmt.

So erschien mir jüngst
ein Monat, scheinbar neu.
(Traum, wenn du gelingst,
weißt, wie ich mich freu!)

Scheinbar war dies ein neu Erleben.
Was mich umfing,
war aber doch altbekanntes Leben,
war also kein neues Ding!

In diesem Traum waren Menschen mir nah.
Zwölf Monate gaben ihnen
genug Wissen und Kenntnis – ja,
sie waren keine Gefühlsmaschinen!

Sie wußten um ihre Zeit,
lernten zu schätzen jenen Monat
und waren bereit
zu neuem Lernen, neuer Tat.

Flim-Flam und der andere

Es war einmal ein Mann,
der hieß Flim-Flam.
Es wollt ihn einer ermorden.
Flim-Flam geht zu den Lorden!

Der andere will ihn ermorden!
Der andere will ihn schlagen!
Flim-Flam denkt: Er wird es nicht wagen!

Er sieht ihn vor sich in die Höhe ragen.
Er sieht sich geschlagen.
Sein Geist sieht sich ermordet.

Flim-Flam hat nun ausgelordet.

(1965)

Dritter Weltkrieg (Atom)

Der Mond
bleibt nicht verschont
im großen Völkermorden.

Aus ihm ist nun
ein Haufen kalter Asche geworden,
die im Weltall sich verteilt.

Die Erde, einst ein Garten
und blühend,
ist Nachfolger des Mondes:

Sie kreist um die Venus,
auf der sich grad
das Leben entwickelt.

(1965)

Vom Wasser in die Pfanne

Ich hatte erbeutet
und auch schon abgehäutet:
Fische.

Es lagen ihrer zehn auf dem Tische.

Ich zerschnitt sie alsdanne,
hieb sie in die vorbereitete Pfanne.

Zum Schluß aß ich sie auf
und nahm die Gräten in Kauf.

(1967)

Sobald

Als ob sie dich erwarten würden,
so öffnen sich die Blumen jetzt,
und weil sie deine Liebe spürten,
mit ihrem schönen Sein vernetzt.

Sobald in deine Hand sie finden,
trifft auch die Sonne wieder ein;
sie lassen Wolkenschatten schwinden
und drehen sich ins Licht hinein.

Der Tag
starb morgens schon,
Regen tropfte grau;
ich erwarte, abends
noch ein
Strafgedicht
(für viel zu langes Hoffen).
Verdammt,
auch das
hab ich nun selbst zu schreiben.

Doch wenn man ihm die Frage stellt:
„Wie sind deine werten Namen?" –
dann springt er aus dem Rahmen:
„Ich habe sie vergessen.
  Wartet, bis es mir wieder einfällt."

(1969)

Ich habe immer schnell verklagt,
was mir nicht hat behagt.
Ich will ganz einfach sagen,
dies Leben kann mir nicht behagen. –
So sprach ich nicht!
Nüchtern-sachlich war mein Bericht."

Hier will ich unterbrechen
und von anderen Menschen sprechen.
Es gibt Dichter, die sich sagen:
„Drauf und dran. Ich muß es wagen!"
Und sie schreiben dann
Unsinn Mann für Mann:
„Ich muß alles wissen.
  Und weiß ich alles schon,
  dann will ich noch mehr wissen.
  Das Lernen ist mein Lohn
  für mein bisherig Lernen.
  Ich weiß alles von den Sternen.
  Alle Großen sind mir gut bekannt.
  Ich kenn jedes Dorf der Welt,
  Meere hab ich schnell benannt."

Lange habe ich durchmessen

des Dichtens Weiten.
Ich habe mich vermessen,
die Wahrheit zu erkennen.
Doch die Wahrheit ist verbrannt...
Laßt mich den letzten Versuch vorbereiten!
Es gibt viele Menschenarten,
viele Farben im Gesicht,
doch alle zögern sie und warten,
sie verstehen das Leben nicht...

Das Menschensortiment ist reich.
Sind sie sich wie Waren gleich?

... aus den Reihen der Bequemen
will ich diesen hier entnehmen.
„Es leitet mich nur mein Geschick.
 Kein andrer geht vor mir als ich;
 denk ich zurück: den Mensch,
 als edelstes Getier, ließ ich nie im Stich.
 (Es gab viel Glück für mich.)

… die Lebensmittel, vorverpackt, in Beutel gesackt
werden. Jemand spricht, und wird noch etwas warten
müssen, von der Mauer, frisch zu errichten; ein andrer
sagt dazu: Warum denn nicht, doch mit vielen Türen
drin, durch die man gehen kann. Soviel Türen, dass, sagt
eine Frau, die Mauer nicht mehr zu sehen ist. Es gibt,
für einen Erwachsenen, ein Baguette und zehn Brötchen
vom gewesenen Tag, fünf Becher Joghurt, vorgestern
verfallen, Cervelatwurst im Stück, zirka fünfhundert
Gramm, sechs Spritzkuchen und sechs kleinere Bananen,
einen Brokkoli, dazu Zitronen-Hollandaise, zudem eine
Dose mit Ananasscheiben, vier spanische Mandarinen
und sechs Spritzkuchen (ach nein, die hatte ich bereits).
Familien erhalten, extra, ein Körbchen mit Pilzen.
"Machts gut. Auf Wiedersehen. Ich danke euch."

(2004)

Drei Drei Drei

Da stehen sie (ich stelle mich dazu) rohvembernass
im feinsten Regen vor dem Tor, am frühen Nachmittag.
Hinterm Zaun entladen Leute einen Laster. Ein Mann
kommt ran und öffnet; in Zweiertrupps, Abstand zwei
Minuten, werden wir hinein gelassen. Der Mann winkt
wieder. Ich geb ihm den Bescheid, mir wird bedeutet,
den in zehn Minuten aus dem Zimmer seines Chefs
(ich soll klopfen) abzuholen, mitsamt der Nummer dann,
der laufenden, mit der ich daraufhin ("Sie stellen sich
dort an!") die Tagesnummer erwerben kann. So setz
ich mich, ich sitze zwischen zwei zwitschernden
russischen Damen. Etwa vierzig Personen befinden
sich im Raum, einige warten noch im Flur. Jeden zweiten
Tag, für eine Stunde, öffnet sich die Luke zum Nebenraum,
aus dem, für einen Euro … (Ich muss aber erst meine erste
Nummer holen, sie lautet Dreihundertdreiunddreißig.)

Froher Tag

Der Schnee, mit großem Schweigen,
liegt auf den Efeuzweigen;
jetzt rutscht er ab nach unten
und fällt auf diese bunten,
die Ostereier, nieder.

Die Vögel singen Lieder,
die Blumen wispern leise,
der Tag zieht seine Kreise.
Die Kälte ist vergangen,
der Lenz hat angefangen.

Umsonst?

Und oft war ich in Ämterstuben;
ich wurde wunderlich aktiv,
am Morgen schon in Startlochgruben.
(Das Heer der Arbeitslosen schlief.)

Ich füllte, antragshalber, Seiten;
an Formularen gab 's genug,
und Fragen auch nach Einzelheiten
(und Möglichkeiten zum Betrug).

Nun kann der Staat mich stützend tragen;
die Tage ... werden wieder lang
(sehr seltsam, das im Herbst zu sagen)
von Sonnenauf- bis -untergang.

(2004)

Glück

Ist das Glück,
wenn die Sonne auf das Fensterbrett strahlt?
Sie wärmt.
Aber ist das Glück?

Ist das Glück, wenn hier Freude ist
und Freunde sind –
doch nur für dich?
Das ist Glück?

Dort ist Friede,
dort das Glück,
wo ein kleines Erlebnis Großes zeigt.
Ein freies Glück!
Das Glück ist Schönheit
für den Menschen,

Glück ist Friede.

(1969)

Einsicht

Wenn wir uns bemühen
um das Glück der andern,
immer dann erblühen
unsre Wünsche, wandern

durch die lichten Stunden,
als Geschenk des Lebens
liebend vorgefunden;
niemand hofft vergebens.

Zuweilen

Schau nur, wie die Wolken eilen,
schneller von dem Wind getrieben,
abends und des Nachts zuweilen,
hier dem Dunkel eingeschrieben;

haben kaum die Zeit für Regen,
wenn sie durch die Lüfte hasten,
sich zu einem Berg bewegen,
drüber ziehen ohne Rasten,

staunend sehn diese Sterne,
deren Blicke Silber senden
noch aus allerfernster Ferne.
Sonne kommt, die Nacht zu enden.

Was steht am Ende des Berichts?

XXXXXXXXXXXXXX

XXXXXXXXXXXXXX

XXXXXXXXXXXXXX

XXXXXXXXXXXXXX

XXXXXXXXXXXXXX

XXXXXXXXXXXXXX

XXXXXXXXXXXXXX

XXXXXXXXXXXXXX

XXXXXXXXXXXXXX

XXXXXXXXXXXXXX

XXXXXXXXXXXXXX

XXXXXXXXXXXXXX

Passiert ist nichts.

Die Zeit

„Ich bin Hexe. In meinem Bann
verläuft das Leben:
ich allein kann's geben."
So sagt die Zeit und spricht:
„Ihr Menschen seid zu klein,
um Herren über mich zu sein.
Zu kurz ist euer Leben,
zu hoch hängen euch die Reben.
Die Wasser steigen,
bald werden sie sinken.
Die Mädchen winken,
bald ist beendet der Lebensreigen.
Nur ich überdaure mich selbst."

Ach, Menschheit,
verstecke dich nicht
in den Rissen der Zeit.
Du mußt wissen
und besiegen die Ewigkeit.

   (1969)

Heute morgen

sehe ich entsetzt:
Auf meiner Brust
wachsen plötzlich
weiße Haare.

Wird mein Herz
(knapp liegt 's drunter)
jetzt schon alt,
daß die Wärme
dieser Welt

meine Haut

nicht mehr erreicht?

(1988)

Auf des Lesers Seite?

Wie hab ich diese Fragen gern! Danach, wer eigentlich
ich sei. Woher denn die Bestimmung käme, der frech
schon ungenannte Zeit ich widerstrebend mich entzöge.
Was überhaupt die Einsicht wäre, die selbstbetrügend
schlingenreich nur zur Umkehr meines Weges führte.
Wie stellte ich die Fragen gern: den andern doch,
die sie mir stellten. Ich könnte einfach sagen:
Mich ekelt an, was ihr geschrieben; ich hab es nämlich
lange schon gedacht, bin drüber weg gekommen, was euch
(ich seh es) nicht gelang. Ich könnt 's nicht sagen, nein,
mich ließe öffentliches Leid geschmälert leben und
jedes Wort, im hingeworfnen Satz verbrannt, erzeugte
Hoffnung aufs Gelesenwerden, und ich wäre (scheinbar
frei) den Dienern aller Zünfte unterworfen, die je und jäh
sich mir entgegen stellten. Ich blicke auf die Uhr, dass schneller
meine Zeit verrinnt; und sag ich "meine", ist's doch
"eure", die mich von "unsrer" trennt. Nein, ich liebe beileibe
nicht den unerhörten Zweifel; ich leb ihn nur. Silbenreich
ihn anzuhäufen, subkutan dem Körper, wo er Falten schlägt,
stumm einverordnen, bringt keinerlei Erlösung von Rätseln
der bekannten Art. Und blökte stundenlang man Seiten voll,
vertauschte zu geheimem Zweck die Worte und wäre
ungeheuer individuell, es bliebe (und allein dann übrig)
das Rauschen unsres entropiebewussten Alls; wir heben immer
unbequeme Lasten, Zentnersäcke Staub, nutzlos reißen wir
die Wände ein ... Wohin führt, was ich hier spreche?
Es sind doch Worte wieder nur, umgesäumt und angestrichen,
Kalk auf welkem Boden. Schief gehängte Bilder ohnehin.
Ich stell mich auf des Lesers Seite. Ich weiß bloß nicht, wer 's ist.

    (1989)

Doch hielt das nicht lange vor; neben mir, wir standen
dichtgedrängt, begann ein Herr, gutmütig-verkrampft, zu deklamieren. Ein
frech-erotisches Gedicht.

Er beschloss seinen Vortrag. Beifall wurde ihm zuteil.
Gleichsam erleichtert schien die Menge.

Und verringert auch war sie: um jenen Melker, der nun abseits stand, wie in
einer Nebengasse öffentlichen Lebens.

Doch blieb er nicht allein; schon durchbrach ich die Verkeilung, ging meinen
Weg.

Zu ihm.

(1984)

Heimweg

Der Straße Kopfsteinpflaster war mir gut bekannt,
die Gegend sehr vertraut.
Ich ging meinen Weg.

Türen öffneten sich, Leute traten heraus, umschlossen mich eng.

Jemand erhob seine Stimme, entlöste sie dem Geschwätz ringsum, sprach in
alkäischen Strophen davon, ein Melker zu sein.

Und er sagte:
Wie oft schon hatte ich diesen Beruf verflucht!
Als wir auf dem Siloberg standen, Kreuzhacken schwingend über gefrorener
Erde, während Eiskristalle unsere Gesichter zerkratzten.
Als im Kälberstall das Große Sterben einsetzte, wir täglich die Kadaver in Gruben
warfen, Kalk über totes Fleisch rieselte.
Als wir im hohen Maisfeld, regendurchtränkt, die Kühe suchten, kilometerweit
stolperten.

Es war wohl, nachdem der Melker gesprochen hatte, leiser geworden, fast
still.

Abgetan

Wir werden
abgeschrieben,
uns sind geblieben

auf Erden

nur Erinnerungen
fremder Zungen.

Februar

In der Platane sitzen
viele kleine Vögel,
deren Federn blitzen.

Und sie überraschen
jene, die da gehen
unten, weil sie naschen

von den Kugelfrüchten,
lassen Reste rieseln
auf den Weg. Wir flüchten.

Kurzes Gedicht über meinen Vater

Der

mich

durch

Pfützen

trug

und

mit

dem

Riemen

schlug.

“Ist der blau?
   Ich sehe ... plötzlich ... alles so verschwommen.
   Mir wird ...”
“Man kann eine Mordwaffe auch mehrmals verwenden ...
   Übrigens trug der Täter einen Hut.
   Meinen.”

Gespräch

"Schön, dich zu sehen. Komm doch rein!"

"Danke."

"Gibt 's was Neues?"

"Na ja. Ein Doppelmord. In der Nachbarschaft.
  Drei Häuser weiter."

"Aha. War ich wohl schon verreist. Nichts von gehört."

"Die Frau wurde erdrosselt. Sie trug doch immer so kurze
  Röckchen. Auf dem Wäscheplatz.
  Wenn die sich gebückt hat …"

"Der ist von hier aus nicht zu sehen …"

"Jedenfalls hatte sie wechselnde Bekanntschaften.
  Der grad bei ihr war, wurde erschlagen.
  Mit einem stumpfen Gegenstand."

"Willst du ein Bier?
  Ach nein, die Flasche hat Risse. Kann ich dir nicht anbieten.
  Tu ich gleich weg.
   Was anderes? Wein?"

"Gern."

"Ist schon dekantiert. Bitte! Zum Wohl!"

"Danke."

"Irgendwelche Anhaltspunkte, was den Fall betrifft?"

"Äh … Es wurden blaue Fasern gefunden."

"Blau? So wie mein Schal hier?"

Mond 1

Der Mond, schon fast in Rundung,
steckt in Wolken fest
und wartet auf Gesundung;
stahl man ihm den Rest,

den er doch braucht zum Leuchten
noch ins fernste Eck?
Nun schaut er aus dem Feuchten,
schiebt die Schatten weg.

Mond 2

Der sich jüngst noch versteckte,
so dass ihn keiner entdeckte,
zeigt sich nun wie gewohnt

und ruht gelb und groß
im Wolkenschoß:

der Mond.

Nur Mut,
nur Zorn
bringt uns
nach vorn.

Ist nichts
zu machen
mit reinem
Lachen.

Beschluss / Beginn

Ich greife widerwillig nur zur Feder
und setze Wort an Wort, bedecke Seiten,
um neue Ärgernisse zu begleiten.
(Sonette schreibt anscheinend heute jeder,

im Angesicht von Oder und Entweder,
entgegen allen blassen Heiterkeiten
und unbewegten angeschrägten Zeiten.)
Ich zöge doch so gern vom wilden Leder

und bin, an diesen unbestimmten Tagen,
dem Grund gewogen, jenem Rätselhaften.
Ich kann hier kaum was mir geschieht verkraften

und weise selber mich in meine Schranken,
entlang dem Flechtwerk müder Straßenflanken.

Die Antwort lautet immer: Sind noch Fragen?

Begegnung

Damals im Bus.
Du
ahntest nicht,
daß ich dich liebte.
Ich,
dir gegenüber,
damals,
wagte nicht,
dich anzusprechen.
Wir sahen aneinander
vorbei.

Noch
ist es Traum,
doch
ewig dauert 's kaum:
Der Tag, da ich
deine Hand
in die meine
nehme,
du mich ansiehst,
liebend
dein Gegenüber.

Wann es
so kommen wird
und wie,
das
interessiert doch
keinen.

        (1969)

Ein Echo aus vergangnen Zeiten

wird die Steine hier begleiten,
mit der Moderne ringen,
und dann verklingen.

Der Uferwald: beliebt,

weil er uns Freude gibt
und ständig Neuigkeiten
beim Wegbeschreiten.
Wir hören hin, wir sehen
beim Spazieren gehen
Schönheit dort
an diesem Ort.

Im Waldbodengefilze:
Deine Lieblingspilze,
mit Punkten und in rot,
von Sammlern unbedroht.

Die Sonne sanft umrandet

mit mildem Abendlicht
den Tag, der herbstgewandet,
und scheint auf dein Gesicht.

Sie will noch etwas bleiben,
dir diesen Augenblick
in dein Gedächtnis schreiben;
und macht das mit Geschick.

Wenn dunkle Wolken klimmen

den Hang empor am Meer,
Gewitter zieht daher
und grollt mit rauen Stimmen …

Das mögen sie nicht gerne;
die Vögel ziehen sich zurück.
Man hört sie noch, mit Glück,
singen in der Ferne.

Zahme Tiere gehen,
bleiben bei uns stehen,
bieten eventuell
auch ihr Fell
sodann
zum Streicheln an …

"Wie aber ist dein Name?"

"Zwergmuntjak, liebe Dame!"

    Sie kommen doch wieder,
    die Frühlingslieder,
    und bringen die Pflanzen
    zum Tanzen.

    Und sicherlich
    auch dich.

Ach, die Wälder, diese Helden,
in den Raum gestellt,
sie melden:
Uns gehört die Welt.

Von Anfang an und immer.

Lass uns bald
zum Wald
nun gehen;
vielleicht, dass wir sehen
wieder
(beim Blick hernieder):

eine Mauereidechse.

Sternschnuppen,
ganze Truppen,
kreuzen am Himmel!

Wer aber träumt,
der versäumt
das Gewimmel

und muss,
mit Verdruss,
warten,

bis fallende Sterne
wieder gerne
zur Erde starten.

Ein Specht verkündet stur,

die ganze Natur sei nur,
bei Tag und Nacht,
für ihn gemacht.
Die Behauptung stellt er auf
und pocht beharrlich drauf.

Hat der Specht
etwa recht?

Wir sahen ganz genau

den Meisenmann und seine Frau
im Hofe, unter Efeuzweigen,
nisten und zum Himmel steigen.

Ob sie im nächsten Jahre wieder brüten
und ihre Jungen gut behüten?

Ein Igel
findet, nahe einem Stamm,
einen Kamm
und einen Spiegel.
Er glättet, Gott bewahre,
seine Haare!

So fällt er leider aus dem Rahmen
und aus der Gunst der Igeldamen.

Wer wird denn Angst vor Kühen haben,
die sich am grünen Grase laben
und laufen über Wiesen?
Geh hin zu diesen
braven Tieren.
(Nur bei Stieren
passe etwas auf,
stehen sie zuhauf.)

Stets guter Dinge
sind die Schmetterlinge.
Sie flattern froh herum
und bleiben dabei stumm.

Welche von jenen
fliegenden Schönen,
verteilt übers Jahr,
nahmst du wahr?

Und gaben sie dir,
im Heute und Hier,
mit Sang und Gestalt
Hoffnung und Halt?

Alle, leicht zu schnappen,

haben Kappen
und auch Lamellen
(besonders die hellen).
Sie sind zuwege
im Waldgehege.
Die meisten indessen
darf man nicht essen.

Es sind auch Schnecken

zu entdecken.
Zumindest deren Spuren
nach Hofbewandrungstouren
nachts.
Was macht 's?
Sie haben halt
draußen Hausgewalt.

Aus dem morgendlichen Nebel
steigen helle Strahlen.
Das sind dann wohl Sonnenhebel,
die den Tag mit Licht umschalen

und ihn heben in die Zeit,
frei von unerwünschten Dingen,
angefüllt mit Seligkeit,
Schönheit immer auf den Schwingen.

Die Ameisen laufen,
ohne zu verschnaufen,
tragen auch Lasten,
ohne zu rasten.
Ist der Oktober vorüber,
wird 's ihnen über;
sie ruhen sich aus
im Ameisenhaus.

Diese Gänse haschen

durch des Zaunes Maschen
mit den Schnabelenden
auch nach unsern Händen,

wollen wohl nur spielen,
spitzen Sieg erzielen;
weißgefiedert, drehen
sie dann ab und gehen.

Rede mit dem Baum!
Er wird nichts sagen,
doch seine Schönheit tragen
in deinen nächsten Traum.

Ein Rehbock sprang

durch den Wald und rief,
was seltsam klang
(nicht hoch, nicht tief);
vielleicht war 's auch ein Lachen.
Ein Foto? Nicht zu machen.

Quer durchs Jahr

Ich höre ganz spezielle
dunkelhelle
seltsam schöne
Töne.
Sofort ahn ich:
Da ruft ein Kranich.

Nicht nur heute
auf dem Hofgelände:
Pflanzen reichen sich die Hände,
so wie andre Leute
das auch tun.
Nun
sind
sie vereint,
wenn Sonne scheint,
wenn Regen rinnt.

Ich hielt das für dummes Geschwätz, nur eines Betrunkenen würdig. Kümmerte
mich nicht darum, ging weiter, bis …
bis ich einen Schrei, unterdrückt, hörte.
Der kam aus dem nächsten Haus, von mir aus gesehen.
Und wieder war es still.
Das ließ mir keine Ruhe! Ich ging in das Haus.
Die angelehnte Tür.
Ich lugte hindurch. Sah zwei Männer, beide gut bekleidet, der eine mit Wollsachen,
der andere mit Stricken!
Im Mund: ein Frottierhandtuch, wovon jedoch das meiste wie eine ausgestreckte,
überlange Zunge heraus hing.
Hier war dringend Hilfe nötig – der Gangster war im Begriff, sein Opfer zu
erdrosseln.
Ich sprang in das Zimmer.
Es ging so schnell, daß dem Gangster keine Chance zuteil wurde. Ich schlug ihm die
Beine zur Seite, verabreichte ihm, während er fiel, einen Schlag auf die
Nasenwurzel, der ihn noch schneller zu Boden brachte.
Zur Sicherheit hob ich ihn noch einmal auf und ließ ihn herunter krachen. Das
reichte ihm…
Ich band den Gefesselten los.
Dankbar reichte er mir die Hand.
Ich verweigerte sie ihm nicht.
    (1969)

Wild kam er auf mich zu, holte wohl auch aus – doch da hatte er schon meine Faust im Magen.

Er blieb, sich krümmend, liegen.

Nun endlich konnte ich zu der Sitzung gehen.

Dort war ja auch was los! Wir stritten uns – es ging um die Autowerkstatt – zwei Stunden.

Das Ende war nicht absehbar.

Argumente, Einwürfe, verworfene Einwürfe, verworfene Argumente – so ging es lang.

Der Sitzungsleiter sprang auf, durcheilte den Zigarettenqualm – nur er rauchte Zigarre – ging an den Spiegel, der von dem Dunst undurchsichtig geworden war, und sagte indem er über das Glas wischte: „In dieser Sache muß Klarheit herrschen!"

Bald danach machten wir Schluß.

Der Vorschlag wurde angenommen, anstatt der Autowerkstatt ein Autohotel zu bauen!

Ich hatte nichts weiter vor und wollte gleich nach Hause gehen. Aber das Schicksal schien heute eine spielerische Laune zu haben.

In der nächsten Straße sah ich auf der anderen Seite einen Mann torkeln.

Betrunken, konstatierte ich.

Der da drüben sagte: „Er ist gerade dabei, einen Mord zu begehen!" – und sah dabei zu mir.

Der Rechte gab ein Zeichen mit dem Bumerang.

(Ich hatte es eilig, ich wollte zu einer Sitzung. Das hier war mir sehr ungelegen.)

Ich ahnte, was jetzt folgen würde.

Crocking und Kidnapping!

Das aber paßte mir nicht in mein Konzept!

Ich ließ den Linken ruhig herankommen. Der Rechte blieb abwartend hinten stehen. Er war sicher, daß es sein Kumpan schaffen würde.

So habe ich ja auch äußerlich nichts Besonderes.

Er hieb die rechte Faust durch die Luft, den Pistolenknauf nach unten gerichtet.

Ich schnellte meine Faust im letzten Moment nach oben, hieb nun ihm den Arm zur Seite.

Die Pistole flog in den Gully.

Der andere hatte sich währenddessen abgewandt, zündete eine Zigarette an.

Noch hatte ich aber mit diesem zu tun.

Ich gab ihm einen Schlag auf den Apoplexus, noch bevor er sich von der Verblüffung erholt hatte. Er sank zu Boden.

Wo war der Zweite? Hinter mir, ich fühlte es.

Ich duckte mich im selben Moment.

Seine Rechte schoß durch die Luft. Gleichzeitig packte ich zu, drehte ein und warf ihn über die Schulter auf das Kopfsteinpflaster – das ihm dann auch wohl bekam!

Der Erste, ein zäher Bursche, hatte sich aufgerappelt.

Kleine Abenteuer

Ich habe lange darüber nachgedacht.

Ich bin zu dem Entschluß gekommen, es aufzuschreiben.

Vieles mag unmöglich erscheinen, vieles anfechtbar. Aber es ist so geschehen. Ich will beginnen...

Es war ein Tag im Herbst.

Ich zerstieß auf der Straße Blätterhaufen und hatte den ersten Straßenfeger am Hals!

Es war sehr komisch, wie sich der beschwerte – wo unsere Stadt sich doch längst Straßenräumfahrzeuge hätte kaufen können.

Aber das Stadtfinanzministerchen hatte man betäubt, beraubt, das Geld für ein neues Kaufhaus ausgegeben!

Nun, das war nicht so wichtig.

Als ich an der Kirche vorbeikam – die Menschen hatten sich in die Häuser verkrochen – schlug die Uhr halb 10.

Ich bog in die Klärchengasse ein und sah mich zwei Männern gegenüber.

Da ist nichts dran?

So sah es zwar aus. Die Männer jedoch sahen weniger liebenswürdig aus.

Der Rechte spielte mit einem Bumerang, ja, das war einer, währenddessen der Linke nur die Hand vor den Mund hielt – und plötzlich eine Pistole in der Hand hielt, sie auf mich richtete.

(Beträfe das nur auch
die Leute
der poetischen Passion!
Doch diese wechseln,
so ist's bei ihnen Brauch,
sofern sie schmerzhaft fallen,
lediglich
das Stadion.)

 (1988; die erwähnten Herren: Lauda, Brumel,Hegedüs, Zielecke, Bilosertschew)

Euch ist ja wohl bekannt:

die Lunge
schwarz gebrannt
(vom Nürburgring)
fuhr Niki
wieder Rennen.
Da gab's kein langes Flennen!

Selbst nach dem Bruch
von ein, zwei Beinen
werden Sportler
nur ein wenig
weinen.
(Waleri springt.
Und Szaba ringt.
Franklin hebt Gewichte.
Dmitri turnt Gedichte.)
Die wahren Sportler
sind nicht klein zu kriegen,
weil sie lernten,
über sich
zu siegen.

In ein Schulheft geschrieben

Da will ich über
Menschen schreiben.
Was mach ich – ich schreib
über Regen und Regenschirme.

Da will ich über
große Taten schreiben.
Was aber schreib ich –
einen Nachruf über Erde,
die ausgeschachtet wurde.

Aber sagt ihr denn,
Regen ähnle nicht
dem Menschen,
aufgeworfne Erde zeuge
nicht
von großen Taten?

(1970)

Schon morgen

Der Sommer hat gespendet
die Wärme und das Licht,
sich dann zum Herbst gewendet,
der nun in Farben spricht.

Die Früchte sind geborgen,
das Laub fällt von allein.
Und siehe da, schon morgen
holt uns der Winter ein.

Lieber Mann!

Sei bitte nicht traurig, weil ich dir so lange nicht geschrieben habe. Ich habe aber bisher leider nicht die Zeit gefunden, dir auf deinen mir zu Herzen gehenden Brief zu antworten.
Bitte verurteile mich deswegen nicht.
Ich habe dir den Grund oben angeführt.
Meinen Brief aus dem Jahre 1897 hast du ja erhalten.
Ich habe dir noch im Jahre des Herrn 1944 einen Brief zugesandt; jedoch dieser muß in den Kriegswirrnissen bdauerlicherweise verloren gegangen sein.
Zugleich muß ich dir leider mitteilen, daß das Geschenk,
welches du im Jahre 1899 an mich abgesandt hast, 1907 bei mir angekommen ist und seine Bestandteile nicht mehr ganz frisch waren.
Tschüss für heute!
Josefine
   Schreib bald!!

   (1968)

Zwei Briefe

Liebes Weib!
Sei bitte nicht traurig, weil ich dir so lange nicht geschrieben habe. Ich habe aber
bisher leider nicht die Zeit gefunden, dir auf deinen mir zu Herzen gehenden Brief
zu antworten.
Bitte verurteile mich deswegen nicht.
Ich habe dir den Grund oben angeführt.
Meinen Brief aus dem Jahre 1870 hast du ja erhalten.
Ich habe dir noch im Jahre des Herrn 1917 einen Brief zugesandt; jedoch dieser muß
in den Kriegswirrnissen bedauerlicherweise verloren gegangen sein.
Zugleich muß ich dir leider mitteilen, daß das Geschenk, welches du im Jahre 1872
an mich abgesandt hast, 1880 bei mir angekommen ist und seine Bestandteile nicht
mehr ganz frisch waren.
Tschüss für heute!
Josef
   Schreib bald!!

DRK-Schein, ausgefüllt

Name des Helfers: *Wie gehabt!*

Name des Verletzten: *Anonym!*

Verletzung: *Die Haut durchschabt!*

Ort des Unfalls: *Im Alten Priem!*

Datum: *29. 12. 69*

1. Tag des Unfalles: *In der Mitte der Wochen!*

2. Ort des Unfalles: *Vorläufig unbekannt!*

3. Bei welchem Dienst erfolgte der Unfall?
   (Öffentlich, Sport, Verkehr, Eisenbahn usw.): *Essen kochen!*

4. Name des Verletzten: *Herr Zog!*
   Adresse: *'s is a Schand!*

5. Name des zugezogenen Arztes: *Verzog!*

6. Art und Weise der Verletzung
   (z. B. Quetschung des rechten Unterarmes usw.):
Hatte sich verrochen!

7. Art der Hilfeleistung: *Nase abgeklemmt!*
   Materialverbrauch: *Ein Zipfel vom Hemd!*

8. War Wiederbelebungsversuch notwendig?
   Ja! Mit Erfolg Ohne Erfolg:
So lala!

9. Wohin wurde der Verletzte transportiert?
In den Schweinekoben!

10. Besondere Vorfälle: *Verstopftes Nasenloch!*

11. Operative Einheit: *Fernsehkoch!*

Unterschrift des Gesundheitshelfers: *Wie oben*

Johann hörte, daß es *Auberginen* gebe und stieg in eine *Klimakammer*.

Sebastian erforschte die *Konkordanz*, zählte die Einwohner *Altenburgs* und flog zu einem namenlosen *Asteroiden*, wo ihm *Louis Armstrong* begegnete, der schon 10 Jahre dort war, um die *Philosophie* der Sterne zu begreifen. Bach sah von hier oben ganz deutlich das *Haus des Lehrers* in Berlin und eine Sitzstatue des *Chefren* von Ägypten.

Er unterhielt sich mit *Margot Fonteyn*, die Urlaub hatte, und *Marie Curie*, die ihm über den *Intensivgeflügelstall* nach sowjetischem Muster berichtete.

Vom *Dom* in Mailand blickte *Leonhard Frank* zu ihm herauf. Bach probierte den *Dreisprung*, wobei er als Anfänger jedoch nur 380 Meter schaffte.

Sein Leitsatz blieb: „Ich richt' alles in Grund und Boden, fürcht' weder Zeit noch Raum." Das war es, was ihn später so berühmt machen sollte.

Tagebucheintrag (3.3.1967)

Habe mir vorgestern einen Buchprospekt geholt, über „Meyers kleines Lexikon in drei Bänden".

Da waren einige "Fremdwörter" drinnen, und so schrieb ich dies:

Johann Sebastian Bach bestieg einen *Gobelin*, um das Gemisch *Knallgas* besser untersuchen zu können. Da sah er plötzlich die *Hagia Sophia*, die aus einem sich lüftenden *Fog* aufgetaucht war, vollständig mit *Ikonen* bedeckt.
Er hatte das Rätsel Knallgas gelöst und wollte nun wissen, zu welcher *chemischen Elementarfamilie* Fluor wohl gehört. Da ging er zu *Caspar David Friedrich*, aber der wußte auch keinen Rat und sagte ihm, er solle die *Goldene Bulle* fragen.
Johann reiste ab, um sie zu suchen. Zuerst war er auf den *Gesellschaftsinseln* und wollte dann zur Hauptstadt von *Burundi* weiter. Da er jedoch nicht wußte, wo Burundi liegt und wie überhaupt deren Hauptstadt heißt, fragte er *Curt Goetz*. Der jedoch sagte nur "*PTL*" und fertigte Sebastian ab.
Der grübelte darüber nach, ob PTL wohl „Patent-Teil-Leihe" heißen könnte, geriet dabei in einen *Hexenring* und ließ die *Höhensonne* auf sich einwirken. Er nahm eine *Lateralsektion* vor, wobei er den kleinsten Vogel, den es gibt, benutzte.
Am Ursprungsland der *Lena* hörte er das Wort *Keramik* und beschäftigte sich daraufhin mit der *Kosmogomie*, wobei er seine ersten „selbst gedichteten" Noten verfasste.

Ein Mensch existiert später als ein anderer, soweit man das Wort später als geschichtlichen Begriff verwenden kann, denn nicht der Mensch macht Geschichte, sondern die Geschichte macht ihn.

Geschichte heißt Leben, und im Leben kann man nicht angeben, was früher oder später und was jetzt ist.

Mit den Zeitungen schuf sich der Mensch einen zweiten Geschichtsbegriff, der aber von dem ersten und eigentlichen Geschichtsbegriff überstrahlt wird; diese erste Geschichte ist der unbewußte Stiefvater der zweiten, also der jetzigen Geschichtsform.

Er hat die Gedankenwelt des anderen verloren und erschafft sich eine neue, besser entwickelte, gleichzeitig erwacht in ihm der Vorfahr.

Sonst wäre er kein Mensch.

Der Begriff „spätere Geschichte", wie auch alle anderen Wörter, die zu dem Rätsel Geschichte gehören, wurde vom Menschen erfunden.

Auch diese ganze Geschichte wurde von ihm erfunden, ohne den Menschen würde sie nicht vorhanden sein.

(1967)

Erwägung

So kommt es dazu, daß ein Einzelner, der nur als Einzelner und zugleich als EINZIGER allein sich kennt und sieht, nicht die gedanklichen Eigenschaften eines anderen hat, gleichviel ob dieser in seiner Gegenwart, in der nahen oder fernen Zukunft lebt, oder ob er schon tot ist.

Denn jeder Mensch wächst bei grundverschiedenen Umweltbedingungen auf, seine Erziehung und seine Bildung verlaufen nicht so wie bei einem anderen Menschen, und schließlich wird er mit den verschiedensten Methoden und Arten des menschlichen Handelns bekannt gemacht, was dazu beiträgt, sein inneres, aber auch sein äußeres Wesen zu formen.

Das Leben des Menschen ist lang; in dieser Zeit wird er viele Gespräche und Begegnungen zu bestehen haben.

Auf diesen Begegnungen und Gesprächen wird sein Intimus aus ihm sprechen, aber nur allzu oft, sich der jeweiligen Situation anpassend, und im Leben gibt es fast nur solche Situationen, maskenhaft.

Das ist eine sachliche und kaum zu widerlegende Beobachtung, die jeder machen kann, wenn er sich eingehend mit den Menschen, ihren Äußerungen und besonders mit den darauf folgenden Taten befasst.

Falscher Plan

Oder nehmt diesen, der sich selber stets nur mißt
an Erfolgen von anderen und darüber vergißt,
an die Erreichung der eigenen zu denken.
Meint er denn, daß wir sie ihm schenken?

Eigenart

K. ist ein sonderbarer Mann,
er vermeidet jeden Gruß.
Jüngst sagte er "Verzeihung"; dann
trat er auf den eignen Fuß.

Echo

Ein Mann, der stets von Treue sprach;
er sprach der Treue Treue nach.
Dieweil er noch von Treue sprach,
geschah 's: daß seine Frau sie brach.

Fünf andere Vierzeiler

Frage der Ansicht

„Die halbe Welt schreit doch nach Geld!"
Das sagte Maurer Held.
„Die andre Hälfte", sagte ich, „der Welt,
 erwirbt sich ja auch selbst das Geld!"

Der Zweifler

Er meint, in der Sonne selbst wär Regen.
Und dieses dort, das Neue, wäre alter Mist.
Kein Wunder, sein Gehirn kann sich ja nicht bewegen,
weil es vom Zweifel stark zerrostet ist.

Maurer

Die Steine klopfen,
ummauern die Tür.
Ich sehne mich nach Malz und Hopfen,
ich verlange jetzt mein Bier.

Verkäufer

Die Waren wiegen,
die Ziffern zählen.
Gern möchte ich im Bette liegen!
Was die mich nur hier quälen.

Tischler

Den Hobel schieb ich her und hin,
bis die Fläche eben ist.
Jeden Tag derselbe Beginn!
Immer hab ich so schuften gemüßt.

   (11.4.1969)

Frau

Ach, was hab ich alles an,
schlecht komm ich aus den Sachen raus.
Am besten ist da doch ein Mann,
der zieht mich bestimmt viel schneller aus!

Schneider

Wo ist das Loch der Nadel?
Ich tu den letzten Stich.
Das beste wär ein strammes Madel,
das wär das rechte für mich.

General

Abhalten der Parade.
„Im Gleichschritt – Sturm!"
Der Speck zerfrißt die Made.
Die Erde frißt den Wurm.

Tag der Vierzeiler

Angler

Ich stehe am Pier,
draußen in der Kälte.
Ja, kalt ist es hier!
Wenn sich doch ein Ofen zu mir gesellte...

Dienstmädchen

Die Teller wischen,
die Diele fegen,
das Essen auftischen.
Und schon wieder fällt Regen.

Bäckerlehrling

Den Teig rollen nun zu Fladen,
jetzt braten den Kuchen.
Ein Glück, jetzt schließt der Laden!
Die Torte muß ich noch versuchen.

Dialog

„Er sagte: Wenn ich nicht hundertfünfzig
 Liegestütze schaffe, nehme ich mir das
 Leben ..."
„Und?"

„Er hat sich das Leben genommen."

„Wieviel hat er denn geschafft?"

„Hundertsechzig."

Weather report

And I think,
now is spring.

But I see:
Snow is be.

Der Mond,

nach dem ich spähe,
ist ganz in meiner Nähe
(überm Giebel, überm Haus),
sieht so richtig
groß und wichtig
aus.

Und wird er mal
dann wieder schmal
(abgespeckt),
versteckt
er sich
sicherlich
im Wolkengewimmel
am Himmel.

Feststellung

Kriege werden:
geführt.

Der Frieden hat das nicht nötig.

Grund

Was der Frieden verschweigt,
zeigt
sich im Krieg.

Spiel

Der Mond hat sich versteckt.
Wer ihn entdeckt,
bekommt (wer weiß)
einen Preis.

Vielleicht (er muss es nicht bezahlen)
ein Hemd aus silbernen Strahlen.

Alkäische Strophen

Die Koppel, die umfriedet mit grünem Gras
bewachsnes Land, vergleiche dem Leben ich.
Die Tage sind wie Halme, die (vom
Winde nur breiter getreten) fliehen

zum Rande allen seligen Seins, bevor
sie ausgerissen werden vom Maul des Tods.
Begrenzend lauert dort der Strom; ein
lustiges Gleichnis ergibt sich daraus,

das kennbar eurem willigen Denken ist:
Gelänge es, mit nötiger List, den Draht
zu überwinden, wär man frei, doch
streckte sich wieder nur Koppel weithin.

(1984)

Ich suche

Ich suche das Wahre,
die echte Poesie.

Ich schreibe viel,
doch schriebe ich auch wenig,
es käme auf dasselbe hinaus –
Monate, selbst Jahre verstreichen:
Kein Erfolg.

Muß ein Dichter ewig suchen?
(So mancher sagt:
„Ich dichte und
habe meinen Stil,
der hundertfach bewährt.")

Der neue Weg,
mit besseren Gedanken,
ich will ihn erobern
und werde ihn beschreiten.

Finde das Wahre,
die echte Poesie!

(1969)

Die Erde

*sollte sich
andere Menschen suchen.
Mit denen,
die jetzt leben,
wird es keine
Zukunft geben.*

*Sie sind als störend
zu verbuchen.*

*Der Deutsche hat keinen
Humor,
höchstens einen kleinen.*

Wann er ihn verlor?

Zuvor!

Verlag:
BoD · Books on Demand GmbH, Überseering 33, 22297 Hamburg,
bod@bod.de
Druck:
Libri Plureos GmbH, Friedensallee 273, 22763 Hamburg

ISBN: 978-3-7693-8865-7

Kurt Scharf

Zettelkasten